面向乡村振兴的农民土地财产权制度创新研究

RESEARCH ON INSTITUTIONAL INNOVATION OF FARMERS' LAND PROPERTY RIGHTS FOR RURAL REVITALIZATION

鲍海君　韩璐　周文章◎著

中国经济出版社
CHINA ECONOMIC PUBLISHING HOUSE
·北　京·

图书在版编目（CIP）数据

面向乡村振兴的农民土地财产权制度创新研究 / 鲍海君，韩璐，周文章著．-- 北京 ：中国经济出版社，2025．1．-- ISBN 978-7-5136-7903-9

Ⅰ．F321．1

中国国家版本馆 CIP 数据核字第 2024JM5112 号

策划编辑　姜　静
责任编辑　王西琨　马伊宁
责任印制　马小宾
封面设计　任燕飞设计工作室

出版发行　中国经济出版社
印 刷 者　涿州市京南印刷厂
经 销 者　各地新华书店
开　　本　710mm×1000mm　1/16
印　　张　11．25
字　　数　167 千字
版　　次　2025 年 1 月第 1 版
印　　次　2025 年 1 月第 1 次
定　　价　78．00 元
广告经营许可证　京西工商广字第 8179 号

中国经济出版社　**网址** http：//epc．sinopec．com/epc/　**社址** 北京市东城区安定门外大街 58 号　**邮编** 100011
本版图书如存在印装质量问题，请与本社销售中心联系调换（联系电话：010-57512564）

序言 | PREFACE

面对当前变乱交织的国际形势，一些发达国家和发展中国家暴露出逐渐扩大的贫富差距，以及各个领域包括土地利用的不平等问题。这些问题不仅仅关乎个体命运，更触及社会结构的稳定与和谐，如何缩小社会贫富差距、减少社会不平等、提高社会包容性，实现民众共享、共赢、共荣的目标，是一项复杂而艰巨的任务。

2022 年，联合国经济、社会及文化权利委员会发布的第 26 号一般性意见《土地与经济、社会及文化权利》中指出，有保障的土地权属制度让个人和族群能够安全、公平地获得、使用与控制土地，对于消除饥饿和贫困及保障适当生活水准至关重要。为什么亟须保障农民土地财产权？2018 年 12 月，联合国通过的《农民和农村地区其他劳动者权利宣言》中强调了农民的土地权和强化保护农民权利的积极意义。

中国农村地广人多，土地产权状况复杂。在实现社会主义现代化的道路上，城乡贫富差距与乡村发展的不平衡不充分问题日益凸显，尤其体现在农民土地财产权上，处理好农民与土地的关系，赋予农民更多的权利，保障农民土地财产权是缩小贫富差距的重要手段。

要赋予农民长期而有保障的土地财产权，需要专注于顶层设计的改革和创新，采取前瞻性的视角，注重系统性、科学性和可操作性，以推动农村土地管理制度的根本性变革。《面向乡村振兴的农民土地财产权制度创新研究》一书以研究农民土地财产权制度的历史逻辑为起点，通过对中国农民土地财产的历史演进经验的演绎和归纳，分析农民土地财产权思想源流与理论发展，揭示现有农民土地财产权制度研究的局限性。按照“历史演进—理论逻辑—实践探索—制度创新”的逻辑主线，构建了面向乡村振兴的农民土地财产权制度总体研究框架。该书采用威廉姆森四层次制度分析法，探索中国乡村特殊场域中的农民土地财产权的理论逻辑和实践逻辑，并从构建农民土地财产权集体空间、壮大农村集体经济、赋予“三块地”改革新内涵、优化乡村地区空间规划四个方面提出了农民土地财产权制度创新的政策建议，为赋予农民长期而有保障的土地财产权提供了新思路。

《面向乡村振兴的农民土地财产权制度创新研究》具有四大特点。一是前瞻性。该书聚焦乡村振兴前沿性问题，专注于土地制度改革思路，让制度设计者真正关注到农民权益的获得在社会发展中的重要作用，关注到保障农民土地财产权对推动中国乡村振兴与全面建成小康社会具有重要作用。二是理论性。该书采用威廉姆森四层次制度分析法，不仅丰富了对农民土地财产权制度的认知，而且提供了更加全面、深入和系统的研究视角。三是独特性。该书紧密结合中国国情和当前乡村振兴的实际情况，深入分析了土地产权制度改革试点的成功案例与存在的问题，特别是通过对“政策试点制”这一中国特色制度安排的深入剖析，揭示了其在推动土地产权制度改革中的重要作用和独特优势。四是指导性。该书在推进乡村振兴战略进程中保障农民土地财产权，提出了农民土地财产权制度创新的政策建议，对推动中国乡村振兴与实现共同富裕具有极其重要的参考价值和指导意义。

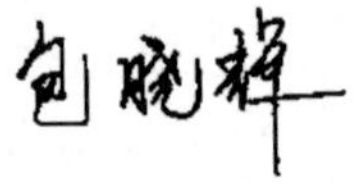

剑桥大学土地经济系

2024 年 10 月

前言 | PREFACE

改革开放40余年来，中国经济发展之路取得了巨大成功，从一个低收入国家跻身中高收入国家行列。党的十一届三中全会后，开始推行农村家庭联产承包责任制，不仅极大地解放了农村的劳动生产力，而且改变了农民与土地的关系，使广大农民得以从土地的束缚中解脱出来。40余年的改革与发展使得我国农村发生了历史性的巨大变化，国家强农惠农富农政策力度不断加大，在加强农业基础地位、提高农民收入、改善城乡关系上做了大量工作，农业农村发展取得了历史性成就，为实施乡村振兴战略奠定了坚实基础。然而，中国特色社会主义进入新时代，我国发展不平衡不充分问题在乡村最为突出。尤其是农民土地财产性收入实现不充分、土地增值收益用于“三农”不足、建设用地安排“重城轻乡”等问题凸显，主要原因在于城乡二元结构没有被根本打破，农民在财产权益设置和利益分配方面的不平等没有得到根本消除(贺雪峰，2010；刘守英，2014)。城市的生产资料和消费资料几乎已全部商品化，而农村的土地、住宅等产权仍不明晰，作为农民最重要的生产资料和消费资料的土地与房产仍不能实现商品化、市场化。现在迫切需要解决土地增值收益“取之于农、用之于城”的问题，破解农民自己的地“不能用、用不好”的困局。基于此，党的十八大报告提出着力促进农民增收，保持农民收入持续较快增长，并突出强调多渠道增加居民财产性收入。

党的十八届三中全会通过的《中共中央关于全面深化改革若干重大问题的决定》中明确提出，要多渠道增加居民财产性收入，特别强调要赋予农民更多财产权利，并且通过建立城乡统一的建设用地市场，在符合规划和用途管制的前提下，允许农村集体经营性建设用地出让、租赁、入股，实行与国有土地同等入市、同权同价。2014 年中央一号文件《关于全面深化农村改革加快推进农业现代化的若干意见》进一步提出，要城乡统筹联动，赋予农民更多财产权利，推进城乡要素平等交换和公共资源均衡配置，让农民平等参与现代化进程、共同分享现代化成果。2014 年 12 月，中共中央办公厅和国务院办公厅联合印发的《关于农村土地征收、集体经营性建设用地入市、宅基地制度改革试点工作的意见》标志着我国农村土地制度改革即将进入新的历史阶段。2016 年，《关于建立城镇建设用地增加规模同吸纳农业转移人口落户数量挂钩机制的实施意见》提出，现阶段不得以退出农民土地承包权、宅基地使用权、集体收益分配权作为农民进城落户的条件；充分尊重农民意愿，切实维护进城落户农民土地承包权、宅基地使用权、集体收益分配权，保障其合法权益。2017 年，党的十九大报告中首次提出实施乡村振兴战略，并强调要深化农村土地制度改革、保障农民财产权益。2018 年中央一号文件《中共中央　国务院关于实施乡村振兴战略的意见》中更加明确地指出把维护农民群众根本利益、促进农民共同富裕作为出发点和落脚点。2019 年，《国务院关于促进乡村产业振兴的指导意见》提到不能侵害农民财产权益。2020 年 10 月，中共中央总书记、国家主席、中央军委主席习近平对脱贫攻坚工作作出重要指示，新时代推进农村土地制度改革，要坚持把依法维护农民权益作为出发点和落脚点。2021 年中央一号文件《中共中央　国务院关于全面推进乡村振兴加快农业农村现代化的意见》目标明确地提出农民收入增长继续快于城镇居民，脱贫攻坚成果持续巩固……农民获得感、幸福感、安全感明显提高。2021 年 2 月，国家乡村振兴局正式挂牌，既是我国脱贫攻坚战取得全面胜利的一个标志，也是全面实施乡村振兴战略，奔向新生活、新奋斗的起点。2021 年 4 月，国务院第 132 次常务会议修订通过的《中华人民共和国土地管理法实施条例》中，在强化农民宅基地合法权益保障、明确集体经营性建设用地入市交易规则等多处体现了对农民权益的尊重和保护。在国家层面，陆续出台的重大决定和改革举措标志着我国新一轮土地制度改革大幕的开启。党的二十大报告中指出，深化农村土地制度改革，赋予农民更加充分的财产权益。中国在促进农业农村发展和农民增收方面取得明显成效，为乡村振兴战略实施奠定了坚实基础。但如何在新时代背景下有效地推进农村土地制度改革是一个极度复杂的问题，三项改革试点中也反映出了众多改革难点和困境，如土地增值收益测算难度大，利益难以均衡；产权交易涉及主体众多，主导群体不明确；集体土地所有权主体虚化，主张权利的地位和能力有待提高；试点选择存在偏好，关联改革协同不足；改革的内生动力不一，统筹关系复杂；等等。因而，如何在坚持“三条底线”的制度框架下，融入全面深化改革的大格局，通过土地制度改革，创新体制机制，赋予农民长期而有保障的土地财产权，为实现全面建成小康社会的目标提供有力保障，是我国现阶段亟须研究与解决的重大理论和实践问题。

实施乡村振兴战略，必须把土地产权制度建设贯穿其中。要以完善土地产权和要素市场化配置为重点，激活主体、激活要素、激活市场，着力增强改革的系统性、整体性、协同性。党的十八大以后，学术界对农民土地财产权利的研究主要集中在两个方面：一是研究集体经营性建设用地和宅基地的使用权流转；二是进一步深化还权赋能，研究集体建设用地抵押问题，充分显化集体建设用地的市场价值，赋予农民长期而有保障的土地财产权。农村集体经营性建设用地流转的研究焦点通常集中在集体经营性建设用地同国有土地“同等入市”流转，以及集体经营性建设用地流转收益分配两个方面。宅基地流转的相关研究绝大多数是基于实地调研，研究农民宅基地退出意愿及其影响因素（王俊龙等，2023）。党的十八届三中全会改革要点中，农民土地承包经营权、抵押权的释放是一个突破点，这实质上是中央将包括抵押权在内的流转权从承包经营权中单独分离出来，农民可以通过抵押经营权获得资金。抵押权的释放对于盘活农村土地资产价值、发展现代农业、增加农民土地财产收益、推动农村经济社会全面发展与城乡一体化进程是一种新的尝试。同时，近期学术界就乡村振兴相关问题进行了热烈的讨论，相关议题主要聚焦在以下三个方面。第一，厘清强化乡村振兴制度性供给的框架问题。新时代乡村振兴战略内涵极其丰富，明确其战略定位与政策逻辑是实施乡村振兴战略的首要问题。乡村振兴关键是要处理好政府和市场的关系。目前，乡村振兴供给侧结构性改革问题的根本原因是过去对市场过度干预的问题解决力度不够（黄季焜，2018），因此，要以破解城乡二元结构为核心，坚持“激活市场、激活主体、激活要素、激活政策、激活组织”的“五个激活”驱动、“政府主导、农民主体、科技支撑、企业助力、社会参与”的“五位一体”协同、“乡村与城市、政府与市场、人口与流动、表象与实质、短期与长期”的“五大关系”协调的三大推进路径，有效实现乡村振兴制度性供给（黄祖辉，2018）。第二，强化乡村振兴制度性供给的农村土地制度研究。农村土地制度改革与创新是破解“三农”问题的关键，完善土地产权安排，将有助于提高土地等生产要素的配置效率（郑瑞强等，2018）。因此，强化乡村振兴制度性供给的农民土地财产权体制机制创新应坚持系统思维，既要在各项具体土地制度的改革中联动推进、形成合力，又要有利于促进各社会生产要素的系统协调，实现地、人、钱同步聚集（陈美球等，2018）。第三，完善乡村振兴制度性供给的要素配置机制研究。要素配置机制的建立要全面激活市场、要素和主体，推进和强化城乡生产要素的自由交互与平等交流，巩固和完善农民土地财产权，激发农村发展新活力，提高生产效率。同时，既要实现农民土地财产价值的保值和增值，也要培育和发展新型农业经营主体与构建新型经营体系（郑瑞强等，2018）。

土地产权改革试点开展是农民土地财产权获得的重要方式。因此，在乡村振兴制度性供给下，赋予农民长期而有保障的土地财产权，要专注于制度顶层设计的改革和创新，让制度设计者真正关注到农民权益的获得在社会发展中的重要作用，充分解放农民生产力，这对于我国乡村振兴与全面建成小康社会具有重要的推动作用。本书以现有研究为基础，在三个方面力争作出突破，将本领域研究进一步向纵深推进，具体如下。

（1）从逻辑起点上，沿着“古代—近代—现代”的脉络，展开了农民土地财产权制度的历史逻辑研究。本书以先秦时期的土地制度为历史起点，梳理农民土地财产权发展、演变脉络，探明历史上农民土地权益演变的特征。在此基础上，通过对农民土地财产权的历史演进经验进行演绎和归纳，分析农村土地改革背景下中国农民土地财产权思想源流与理论发展，揭示农民土地财产权制度在实践中的主要做法、取得的成效和存在的问题，跳出现有研究的局限性，以获得更多的更具共识和利益平衡的财产性权益来吸引农民参与产权制度改革，实现农民的自身发展和农村土地的可持续利用。这不仅有助于从根本上发现限制农民发展的原因，也有助于我们创新农民土地财产权改革路径，实现全面建成小康社会的顶层制度设计和系统性改革突破。

（2）从逻辑架构上，按照“历史演进—理论逻辑—实践探索—制度创新”的逻辑关系，构建了面向乡村振兴的农民土地财产权制度总体研究框架。本书以“如何强化乡村振兴制度性供给的农民土地财产权利”为中心主题，注重体制机制创新的整体推进和联动性。在制度建设层面赋予土地财产权法律保障；在体制调适层面用以解决城乡二元体制、土地财政体制和土地督察体制等对“三权分置”、宅基地、集体经营性建设用地、征地制度设计的限制与误导问题；在机制创新层面则强调了制度与体制落实的具体策略，完成了可执行的设计。从而建立可持续、可执行的政策改革整体思路和框架。

（3）从逻辑方法上，借鉴威廉姆森四层次制度分析法，从社会嵌入、制度环境、治理结构、资源配置四个层次，探索了中国乡村特殊场域中的农民土地财产权的理论逻辑和实践逻辑。农村土地产权制度的变化契合四个层次的影响机制，同时对其作出具有中国特色的创新性解释。在四层次分析框架中，有自上而下的约束机制和自下而上的影响机制，单线制的约束和影响不能完全描述制度创新的过程，其中，第一层次社会嵌入的变化相对机械、被动，而第四层次资源配置的变化存在着经济动因。所以，制度环境、治理结构、资源配置三个层次的变化应是一种有机的互动与再生。中国改革开放以来经济社会快速发展的重要制度之一——“政策试点制”是这一有机互动的有力解释。

本书依托的是浙江省哲学社会科学规划“高质量发展建设共同富裕示范区”重大招标课题“强化乡村振兴制度性供给的农民土地财产权体制机制创新研究”，国家自然科学基金项目（项目编号：42271267，72274166），浙江省软科学研究计划重点项目（项目编号：2023C25008）。全书撰写分工如下：第一章由鲍海君、韩璐、周文章、冯曦锐撰写，第二章由鲍海君、韩璐、吴昊、冯伟撰写，第三章由鲍海君、韩璐、李倩云撰写，第四章由鲍海君、韩璐、吴静撰写，第五章由鲍海君、韩璐、周文章、冯曦锐、吴昊撰写，第六章由鲍海君、韩璐、吴静撰写。全书由鲍海君、韩璐撰写大纲，并负责统稿和定稿。

受笔者学术水平所限，本书在撰写过程中可能存在疏漏与不足之处，敬请国内外专家学者谅解和包容，也恳请国内外专家学者和广大读者不吝赐教。

笔　者

2025 年 1 月

目录 | CONTENTS

第一章　绪论 001

第一节　背景和意义 …… 001

第二节　中国农民土地财产权制度的历史演进 …… 003

一、中国古代农民土地财产权制度的演变 …… 003

二、中国近代农民土地财产权制度的历程 …… 013

三、中国现代农民土地财产权制度的改革 …… 016

第三节　农民土地财产权的思想源流与理论发展 …… 025

一、地租理论视野下的农民土地财产权理论 …… 025

二、产权理论视野下的农民土地财产权理论 …… 029

三、城乡统筹理论视野下的农民土地财产权理论 …… 034

第二章　农民土地财产权制度改革的地方实践 042

第一节　征地制改革中农民土地财产权的实践经验 …… 042

一、杭州市余杭区村级留用地开发创新 …… 042

二、绍兴市失地农民的土地财产权保障 …… 046

三、嘉兴市“两分两换”中农民土地财产权保障 …… 049

第二节　农村集体建设用地改革中农民土地财产权的实践经验 …… 054

一、德清县集体经营性建设用地入市改革 …… 054

二、宁波市城乡统一建设用地市场探索 …… 059

三、象山县农村集体土地合作建房创新 …… 063

第三节 宅基地改革中农民土地财产权的实践经验 …… 067
一、象山县“三权分置”改革探索 …… 067
二、义乌市农村宅基地制度改革试点 …… 071
三、绍兴市宅基地“三权三票”改革 …… 074

第三章 征地制度改革与农民土地财产权 077

第一节 征地制度改革概况 …… 077
一、征地制度的核心思想 …… 077
二、中国征地制度的演变 …… 081
三、征地制度改革现状 …… 085
第二节 征地制度改革与农民土地财产权关系 …… 086
第三节 征地制度改革与农民土地财产权发展中存在的问题 …… 088
一、产权主体模糊 …… 088
二、用益物权不完整 …… 088
三、集体土地使用权流转问题 …… 089
四、城乡土地需求存在结构性矛盾 …… 091
第四节 征地制度的改革方向与政策建议 …… 092
一、完善农村土地产权 …… 092
二、严格界定公共利益 …… 092
三、调整经营模式，完善征地补偿安置方法与标准 …… 093
四、以破解土地流转推动产业结构调整 …… 094

第四章 农村集体建设用地改革与农民土地财产权 096

第一节 农村集体建设用地改革概况 …… 096
一、农村集体建设用地概念 …… 096
二、农村集体建设用地改革的演变 …… 097
三、农村集体建设用地改革的核心思想 …… 101
四、农村集体建设用地改革现状 …… 103

第二节 农村集体建设用地与农民土地财产权的关系 …………… 105
一、农村集体建设用地所有权权能体系 …………………………… 105
二、集体建设用地相关的农民土地财产权 ………………………… 109
第三节 农村集体建设用地改革与农民土地财产权发展中存在的问题 ………………………………………………………… 110
一、建设用地管理缺乏规划指导 ………………………………… 110
二、建设用地管理监管力度不足 ………………………………… 111
三、农村社会经济发展受到制约 ………………………………… 111
四、农民土地财产权意识淡薄 …………………………………… 112
第四节 农村集体建设用地的改革方向与政策建议 ……………… 112
一、立足乡村振兴完善集体建设用地改革 ………………………… 112
二、推进集体建设用地规范化法治化建设 ………………………… 113
三、结合经济社会和农村人文特点完善集体建设用地制度改革…… 114
四、进一步提升集体建设用地功能 ……………………………… 115

第五章 宅基地改革与农民土地财产权 116

第一节 宅基地改革概况 ………………………………………… 116
一、中国宅基地改革的演变 ……………………………………… 116
二、宅基地改革现状 ……………………………………………… 121
第二节 宅基地改革与农民土地财产权关系 ……………………… 123
第三节 宅基地改革与农民土地财产权发展中存在的问题 ………… 124
一、宅基地流转现象普遍，限制政策流于形式 …………………… 124
二、宅基地的无偿取得和“一户一宅”难以为继 ………………… 125
三、宅基地用益物权不完整，分享宅基地增值收益难 …………… 125
四、宅基地的无序扩张不利于村庄建设与城市发展 ……………… 126
五、大量超标准和闲置的宅基地缺乏有效退出机制 ……………… 126
第四节 宅基地的改革方向与政策建议 …………………………… 126
一、以尊重农民意愿为前提，坚持农民主体地位 ………………… 126
二、以还权赋能为重点，构建多元主体收益共创共享机制 ……… 127

三、加快打通城乡通道，建立统一的城乡建设用地市场 ………… 128

第六章 面向乡村振兴的农民土地财产权制度创新 130

第一节 威廉姆森四层次制度分析框架 ……………………… 130
一、威廉姆森四层次分析的制度环境转向 …………………… 130
二、四层次分析的嵌入性与动态性转向 ……………………… 131
第二节 中国乡村特殊场域中的农民土地财产权 ……………… 132
一、中国乡村场域中农民土地财产权的制度环境 …………… 133
二、中国乡村场域中农民土地财产权的非正式制度 ………… 135
第三节 中国农民土地财产权的四层次分析框架 ……………… 138
一、第一层次——社会嵌入 …………………………………… 138
二、第二层次——制度环境 …………………………………… 139
三、第三层次——治理结构 …………………………………… 140
四、第四层次——资源配置 …………………………………… 141
第四节 农民土地财产权制度建设存在的障碍 ………………… 142
一、农民土地财产权制度建设社会嵌入层存在的障碍 ……… 142
二、农民土地财产权制度建设制度环境层存在的障碍 ……… 144
三、农民土地财产权制度建设治理结构层存在的障碍 ……… 146
四、农民土地财产权制度建设资源配置层存在的障碍 ……… 148
第五节 农民土地财产权制度创新的政策建议 ………………… 149
一、构建农民土地财产权集体空间，重塑农村人情—权利关系 …… 149
二、壮大农村集体经济，夯实农民集体权利主体地位 ……… 150
三、赋予“三块地”改革新内涵，丰富农民土地财产权实现形式 ……………………………………………………………… 152
四、优化乡村地区空间规划，保障农民土地财产权实现效率 …… 153

参考文献 ……………………………………………………………… 155

第一章 绪 论

第一节 背景和意义

随着新型冠状病毒在全球蔓延，欧美一些发达国家在疫情防控中暴露出严重的社会贫富差距和社会不平等问题。如何缩小社会贫富差距、减少社会不平等、提高社会包容性，实现全民共享、共赢、共荣的目标，是我国以及诸多国家正在积极探索的问题。党的十九大报告提出，到2035年实现全体人民共同富裕迈出坚实步伐，到21世纪中叶全体人民共同富裕基本实现，我国人民将享有更加幸福安康的生活。

近年来，我国不断加大强农惠农富农政策力度，在夯实农业基础条件、提高农民收入、改善城乡关系等方面做了大量工作，农业农村发展取得了历史性成就，为实现乡村振兴和农民共同富裕奠定了坚实基础。然而，在全面建设社会主义现代化国家新征程中，我国乡村发展中出现不平衡不充分问题，包括农民土地财产性收入实现不充分、土地增值收益用于"三农"不足、建设用地安排"重城轻乡"等，其主要原因在于城乡二元结构没有被根本打破，农民在财产权益设置和利益分配方面的不平等没有得到根本消除，城乡居民基本权益的最大不平等是财产权的不平等（贺雪峰，2010；刘守英，2014）。城市的生产资料和消费资料几乎已全部商品化，而农村的土地、住宅等产权仍不明晰，作为农民最重要的生产资料和消费资料的土地与房产仍不能实现商品化、市场化。现在迫切需要解决土地增值收益"取之于农、用之于城"的问题，破解农民自己的地"不能用、用不好”的困局。基于此，党的十八届三中全会通过的《中共中央关于全面深化改革若干重大问题的决定》提出赋予农民更多财产权利。2014年中央一号文件《关于全面深化农村改革加快推进农业现代化的若干意见》，明确了深化农村土地制度改革的政策措施，将赋予农民更多财产权利的要求落到实处。2017年，党的十九大报告中首次提出实施乡村振兴战略，并强调要深化农村土地制度改革、保障农民财产权益。2018年中央一号文件《中共中央 国务院关于实施乡村振兴战略的意见》中更加明确地指出把维护农民群众根本利益、促进农民共同富裕作为出发点和落脚点。2021年，“十四五”时期的首个中央一号文件《中共中央 国务院关于全面推进乡村振兴加快农业农村现代化的意见》中目标明确地提出农民收入增长继续快于城镇居民，脱贫攻坚成果持续巩固……农民获得感、幸福感、安全感明显提高。实施乡村振兴战略，是解决人民日益增长的美好生活需要和不平衡不充分的发展之间矛盾的必然要求，是实现“两个一百年”奋斗目标的必然要求，是实现全体人民共同富裕的必然要求。因此，要结合乡村振兴战略，深化农村土地制度改革，强化乡村振兴制度供给，积极探索赋予农民长期而有保障的土地财产权的新思路、新办法，让改革发展成果更多、更公平地惠及广大农民。

土地财产权是农民最大的财产权利。实施乡村振兴战略，必须以完善土地产权制度和要素市场化配置为重点，构建激活主体、激活要素、激活市场的土地产权制度。然而，城乡市场在行政和政治上的分割，阻碍了城乡生产要素的自由流动，加之我国土地制度改革不到位，在保障农民土地权益方面存在重大制度缺陷，导致农民的土地使用权受到侵害（Kung and Cai，2000；Brandt et al.，2002；贺雪峰，2003；周其仁，2004b；许庆、章元，2005；张超林，2007；严金明等，2020；刘守英，2021）。在现行二元土地制度下，实现城乡一体化发展和全面建成小康社会目标的关键在于土地制度改革，通过土地制度改革为农民提供长期而有保障的土地财产权利显得日趋重要和迫切（夏锋、曾瑶，2016）。韩俊（2013）指出，赋予农民更充分的土地财产权，不仅有利于保障农民权益，也是处理农民与国家关系的重要政策课题，需要通过有效的产权分配和清晰的产权界定，赋予农民更充分的土地权利（包括排他性使用权、排他性收益权和自由流转权），使农民真正成为土地的主人。30 多年来，中国的城乡二元体制带动了经济的快速发展，土地在经济增长中发挥了重要的启动和推动作用（Ding and Lichtenberg，2011；叶剑平等，2011）。随着中国经济逐步进入中高速增长的新常态，土地作为经济增长“发动机”的作用逐渐减弱，土地制度亟须新的改革和创新。“三权分置”和“三块地”改革旨在破除城乡二元结构，让农民有更多的机会平等参与和分享经济发展，同时充分发挥土地的激励和投资作用，促进城乡经济在合理、集约、高效的土地利用模式下实现新的平稳发展，促进城乡经济实现新的平稳发展，为全面建成小康社会作出贡献（Qu et al.，2011；Tan et al，2011）。因此，在乡村振兴战略背景下，研究赋予农民土地财产权的体制机制，既是农村土地改革的重要理论创新，也是乡村振兴战略的重要实践内容，对于全面建成小康社会、促进城乡融合发展、实现“两个一百年”奋斗目标具有重要的理论价值和现实意义。

第二节　中国农民土地财产权制度的历史演进

一、中国古代农民土地财产权制度的演变

（一）历代土地所有制度与土地租税制度

在传统农业社会，土地无疑是最为重要的生产资料。从奴隶社会时期的溥天之下，莫非王土；率土之滨，莫非王臣，奴隶为奴隶主无偿劳动，各级奴隶主向自己的上级缴纳贡献，到封建社会时期土地所有制发生从公有到私有的转变，分为国家所有、地主所有和自耕农所有等不同类型，我国古代土地制度随着历史的演进也发生了相应的变化。与土地所有权制度相对应的另一重要制度为土地租税制度，两者不仅是当时社会形态的直接反映，也体现了人与人、人与政权之间的相互关系。

1. 先秦时期

井田制由原始氏族公社土地公有制发展演变而来，是商周时期的一种重要的土地制度，因土地被划作“井”字形而得名。“井田”一词最早见于《穀梁传·宣公十五年》，古者三百步为里，名曰井田。《孟子·滕文公上》记载，方里而井，井九百亩，其中为公田。八家皆私百亩，同养公田。公事毕，然后敢治私事。除此之外，《周礼》《礼记》《汉书》等中也有详细记载。井田制的主要特点是每一里见方的耕地都被分隔成九块，每块百亩，形状如“井”字。中间一块为公田，其余八块为私田。尽管井田被区分为公、私两部分，但理论上所有耕地都属于国家，即归天子所有，由天子分配给贵族，贵族再强迫庶民集体耕种井田，庶民仅仅是耕地的使用者而非所有者。

春秋时期，井田制遭到了很大破坏，土地私有制度开始萌芽。由于铁制生产工具和牛耕的出现，生产力得到了极大的发展，以家庭为单位的小生产和以个体经营为特色的小农阶层，有了成为社会基础的可能。许多荒地也逐渐被开垦和利用起来，但这部分土地是游离于“井田”之外的“私有田”，其所有权归部分贵族甚至是部分平民和农奴所有，是瞒着公室不进行纳税的私有物。随着开辟和耕种大量私田，私有土地的数量不断增加，对劳动力的需求也不断增加，国家赋税收入却急剧减少。一方面，一些顺应新形势的贵族发现用奴隶制的办法已不能调动生产者的劳动积极性，正如《公羊传》何休注说，当时民不肯尽力于公田。于是为了扩增劳动人手，改变了剥削方式。例如，齐国田氏向民众征赋税使小斗，把粮食贷给民众用大斗；晋国韩氏、魏氏、赵氏采取扩大地亩而不增税额的办法，以收买民心。这样，封建依附关系就产生了。另一方面，各国统治者也为解决赋税危机，纷纷进行土地制度改革。如公元前350年，商鞅在秦国进行第二次变法时，正式“废井田，开阡陌”，按军功授爵授田，由此，土地私有制初步确立。

井田的区划与租赋制度有关。井田制时期的租赋有“贡”“助”“彻”之名，《孟子·滕文公上》说，夏后氏五十而贡，殷人七十而助，周人百亩而彻，其实皆什一也。即中间的公田由八户人家轮流耕种，收获全部缴给领主。其余八块由每户人家各自耕种，收成归自己所有，这是典型的劳役地租。战国时期各国进行了土地改革，土地私有制逐渐成型，租税制度是其中的重要内容，如鲁国实行“初税亩”（公元前594年），按土地亩数征收赋税，即承认私田的合法性；楚国实行“量人收赋”（公元前548年），即按照收成多少缴纳赋税；齐国“作丘赋”（公元前538年），即以丘为单位征收军赋。总体而言，战国时期税率一般为亩产的1/10高，但在实际征收过程中，会存在各种名目的附加税，称“什一之税”。

2. 汉时期

名田制是秦及汉初的重要土地制度，始于商鞅变法，也有人称之为“授田制”。秦始皇统一六国后（公元前216年）颁布“使黔首自实田”令①，即命令占有土地的地主和自耕农，按照当时实际占有土地的数额，向封建政府呈报。封建政府承认私有土地的合法性，并依此征收田租，把名田制推广到全国范围内。这项法令的颁布，标志着秦朝正式以法律形式确立了土地私有权，具体来说，名田制是以二十等爵为基础授予田、宅，每一等级田、宅数量的对应关系为：关内侯受田95顷，宅地95宅；大庶长受田90顷，宅地90宅；逐级递减，直到最低等级的司寇、隐官，受田0.5顷，宅地0.5宅②。名田制对魏晋以后的土地制度产生了深远的影响。

随着土地私有化的发展，国家与地主、农民间的土地兼并与反兼并的斗争十分激烈。汉武帝时土地兼并已非常严重，董仲舒主张限民名田，但没有实行。汉哀帝接受大司空师丹和丞相孔光等人的建议，下诏限田，但也因权臣反对而未能实行。西汉末年，王莽篡汉，为解决土地兼并问题而“更名天下田曰‘王田’”，也被称为“王田制”，即废除土地私有制，实行土地国有制，但这未能阻止土地兼并，反而加速了社会危机爆发。东汉

---

① 秦始皇二十六年（公元前221年）下令“更名民曰‘黔首’”（《史记·秦始皇本纪》）。这是秦统一中国后更定名物制度的内容之一。黔，黑色，《说文解字·黑部》曰：“黔，黎也。从黑，今声。秦谓民为黔首，谓黑发也。”

② 尽管“名田”最早为商鞅变法的内容，也多次出现在文献中，关于具体制度却语焉不详，所幸张家山汉简《二年律令》中有关于名田制度的法律条文。

初年，光武帝试图通过“度田”加强封建国家对土地与劳动力的控制，但以失败告终。此后，封建土地私有制兴盛，豪强势力膨胀，地主田庄经济日益壮大，最终导致农民起义爆发。

秦汉时期的田租征收形式比较特别，分为刍藁和田租。“藁”同“稿”，《说文·禾部》记载，稿，秆也，秆，禾茎也。意思是说刍稿是农作物的秸秆。秦之《田律》规定每顷地“入刍三石，藁二石”；汉初《二年律令》规定，入顷刍藁，顷入刍三石；上郡地恶，顷入二石；藁皆二石。关于田租税率，汉高祖时实行轻徭薄赋政策，即“什五而税一”；汉文帝二年（公元前 178 年）减收当年天下田租之半，即“三十税一”；到汉景帝二年（公元前 155 年）正式规定“三十税一”。东汉一朝，这一赋税制度一直延续，直到汉献帝建安九年（204 年）曹操平袁绍后才进行修改。

3. 曹魏时期

屯田制是政府强制士兵和农民垦种国有土地，以取得军队供养和税粮的制度。汉武帝时期开始在西域地区屯田，后世几乎历朝皆有，而以曹魏时期屯田的规模和作用为最大。

由于东汉末年战乱蜂起，人民大量流亡，造成“土业无主，皆为公田”的情况，曹操在这种条件下于建安元年（196 年）开始推行屯田制度。当时的屯田有民屯和军屯两种形式。民屯是把招募来的流民和收编的黄巾军家属按军事制度编制起来，专门从事农业生产。军屯又叫“兵屯”，是由军队进行的屯田。屯田制的实行，促进了农业生产的恢复和发展，为曹操统一北方创造了物质条件。三国时期，吴、蜀也实行了屯田制，但规模和成就远不及曹魏。然而，随着曹魏社会经济的恢复和发展，自耕农经济的复兴，屯田制日益失去存在的条件和意义。另外，由于剥削加重，引起屯田民的逃亡和反抗；屯田土地也不断被门阀豪族侵占，屯田制逐渐遭到破坏。于是魏咸熙元年（264 年），废除民屯。军屯继续存在，但作用不大。屯田制是一种特殊形势下的土地制度，虽然它始终不是中国古代土地制度的主体，但是唐、宋、明、清时期均断断续续在局部地区推行。明代还出现了“商屯”，亦称“盐屯”，即盐商为了便于在边境地区纳粮换盐而办的屯垦。

4. 西晋时期

占田制是晋初限制占有土地的制度。所谓占田，是指国家准许个人占有的土地数量。晋统一全国后，土地兼并日趋严重，为了巩固政权，保证封建国家的赋税收入和徭役征发，于太康元年（280 年）颁布了占田令，在全国范围内实行占田制，主要包括两个方面的内容。一是对百姓占田的规定。男子一人占田七十亩，女子一人占田三十亩，没有年龄限制，原则上任何男女都有权按此标准占有土地。二是对官员占田的规定。品官一品至九品，根据品级可占田五十顷至十顷。占田制规定的所占土地不是由政府授予或分配，而是对百姓、官员可以占有土地的法定数量和最高限额，但政府没有任何措施保证百姓占有足够数量的土地。占田制并没有改变原有的土地所有制关系，地主和农民所有的土地仍然得以保留，不足规定限额的还可以依限占垦。西晋占田令、课田令颁布后仅 10 年，就爆发了“八王之乱”，不久后便出现“五胡乱华”的局面，占田制遭到严重破坏。

占田制实施中期开始推行按人征收固定田租，即“课田制”。课田令规定：丁男课田五十亩，丁女二十亩，次丁男减半，次丁女不课（男女年十六以上至六十为丁，十五以下至十三、六十一以上至六十五为次丁）。政府不管百姓是否占足限额土地，一律按照上述标准征收田租。只有边远地区少数民族不课田者，交纳“义米”，每户三斛；更远者交五斗；极远者交“算钱”，每人二十八文。这既保证了官府的财政收入，也提高了农民开垦荒地的积极性。但固定税额对占田不足的贫弱户仍是一个沉重的负担，所以效果不佳。

5. 北魏隋唐时期

均田制是由北魏至唐朝前期实行的一种按人口数分配田地的制度。均田制下土地国有和私有并存，这一制度将国家所拥有的田地分发给农民使用和耕作，然后按照人头向农民征收赋税。部分土地在耕作一定年限后归其所有，部分土地在身死后还给官府。自“永嘉之乱”到北魏统一北方，北方经过了长期的战乱，户口流徙、土地荒芜、富豪兼并土地等现象十分严重。加之北魏初年实行宗主督护制，封建中央政府掌握的人口数很少，影响了赋税的征收。为防止过度兼并，令耕者有其田，从而达到发展生产，保证税收的目的。北魏太和九年（485 年），孝文帝依照汉人李安世建议，颁布均田令，主要内容如下。

（1）男子 15 岁以上授露田（一般农田）40 亩、桑田 20 亩，妇女授露田 20 亩。为备休耕，露田加倍授给。露田年满七十还官；桑田可作为私田，不必还官。

（2）露田和桑田均不得买卖，但原桑田超过 20 亩的可以买卖其超出的部分。

（3）地主可按其拥有奴婢和耕牛的情况另外获得土地。奴婢授田与农民相同，耕牛每头授田 30 亩，但仅限 4 头牛。

（4）地方官按官职大小授给公田，刺史 15 顷，县令 6 顷。北魏之后的东魏、西魏、北齐和北周都实行这一制度，一直到唐代中后期，持续达 300 年之久。各个朝代的具体内容均有所变化，如北齐、北周，一般从年 18 岁起受田。北齐所授露田男子 80 亩、妇女 40 亩。北周所授露田，有室者 140 亩、丁未婚者 100 亩。隋代授田与北齐相同，但狭乡每丁仅 20 亩。唐代对妇女、奴婢不再授田，却对僧尼、道士授田，徙乡和身死无力营葬者可卖永业田，从狭乡迁宽乡的准卖口分田，土地买卖的范围逐渐扩大。但是，唐代中叶以后，随着人口增长和土地兼并日益严重，以及中央政府控制力的下降，口分田往往授而不还，成为私田。政府控制的土地日益减少，国家无田可授；同时，唐政府对原来授田的农民横征暴敛，农民不堪忍受纷纷逃亡，或出卖土地而投靠贵族、官僚、地主成为佃客。均田制最终被租佃制取代。

均田令公布后，北魏制定了新的租调制，每个受田的成丁每年纳租粟二石或稻三石。这一规定为正常年份的赋役负担，各朝有过若干变动。如遇国家有事或自然灾害导致减产歉收，赋役负担可依法增减。到了唐代，因均田制受到破坏而租庸调法已不适用，唐德宗建中元年（780 年）开始实行两税法，即取消租庸调及各项杂税的征收，保留户税和地税，按夏、秋两季征税。奉行“量出制人”，即政府先预算开支以确定赋税总额，以大历十四年（779 年）各项税收所得钱谷数为户税、地税的总额而分摊各州，各州则以大历年间收入钱谷数最多的一年作为两税总额分摊于各地。因此，全国的地税并无统一的定额。两税法改变了自战国以来以人丁为主的赋税制度，使古代赋税制度由“舍地税人”向“舍人税地”方向发展，反映了封建国家在不同程度上从控制土地私有的原则变为不干预或少干预的原则。

6. 宋元至清代时期

宋代奉行“不抑兼并”，此后，我国的封建土地私有化的倾向越来越明显，国家和皇室保有大量土地，这些土地以“皇庄”“官庄”的名义出现。由大地主兼并土地而建成的称为“私庄”。土地问题越来越严重，甚至影响政府的财政命脉，历朝政府虽无力改变土地占有关系，但也会采取措施来限制土地兼并。宋代在法律上明确规定土地买卖合法化，对于土地契约也有规范的管理制度。元朝建立后，继承实行不限制私有土地买卖和兼并的政策。明代清丈土地，绘制“鱼鳞图册”（周积明，1982），确定土地的私有权。清代实行“更名地”，康熙八年（1669 年），将明代各藩王田产分归现佃户所有，并将其编入所在州县缴纳赋税，此后又推行“摊丁入亩”。但土地私有制始终是土地制度的主体。

宋代仍沿袭唐代的两税法“宋田赋率每亩在一斗上下”。宋代田赋的征额不高，但在实际征收过程中，存在各种名目的附加税，诸如支移、折变、加耗等，农民实际负担很重。元朝实行“南北田赋”制度，即中原田赋按租庸调制，江南的田赋沿用宋代的两税制。明初也实行两税法，田赋分夏税、秋粮，以“鱼鳞图册”记载的土地状况为依据，按土地面积、土质等级征收田赋，一般按收获量的 1/10 征收。田赋征收实物，称“本色”，包括粮食、丝、麻、棉等农作物；折为钱、银等货币形式，称“折色”。明中叶以后改行“一条鞭法”，赋、役渐有合并之势。但限于当时客观条件，“一条鞭法”实行得并不彻底。随着经济发展，人口增加，土地买卖自由，清朝统治者认为，将人口与土地绑在一起对征税已经意义不大，故康熙五十年（1711 年）进行改革，固定人丁数，以后“滋生人丁，永不加赋”。雍正帝继位后，实行地丁银制度，把丁税平均摊入田赋中，征收统一的地丁银。在一定程度上废除了汉唐以来的人头税，农民对封建国家的人身依附关系进一步松弛。

（二）历代土地制度的实际运行：地主土地所有制与租佃制度

地主土地所有制是封建历史的主线。纵观两千多年封建土地所有制的发展演变，虽然地主土地所有制、国家土地所有制和农民土地所有制在不同时期发挥着不同作用，但在整个封建社会历史中，地主土地所有制占据着支配地位。地主土地所有制对于中国封建经济的发展繁荣曾发挥过积极作用，但封建朝代的周期性动荡又与这种所有制下的土地兼并及利益分配有着直接的关系。地主土地所有制的突出特点是地主占有大量土地，出租给农民并收取田租，达到凭借其对土地的占有而对无地或少地农民进行剥削的目的。

1. 先秦时期

前文提到的先秦时期井田制，一方面其源于氏族土地公有制，具有土地国有制的特点，突出表现在天子对全国土地拥有所有权，其他各级贵族和大小奴隶主只有土地的使用权而没有所有权，也不能随意转让或买卖土地；另一方面，井田制具有从土地公有制向土地私有制过渡的特征。在西周中期，土地交易已经出现在贵族之间，这意味着贵族拥有了一定程度的土地所有权。春秋时期，随着铁器的使用、牛耕的推广，联合或集体劳动的重要性大不如前，个体独立经营开始出现并得到发展。公元前 594 年，鲁国废除井田制，实行初税亩，开始对私田征税，即承认私田的合法地位。战国时期，秦国的秦孝公为发展图强重用商鞅，商鞅在变法中推行了“废井田，开阡陌，授土于民”，标志着井田制的彻底崩溃和封建地主土地私有制的确立。自此，中国迎来了封建社会，开始了王朝的周期性动荡和兴替。在这一漫长的封建历史时期，土地制度特别是地主土地所有制，在不同的发展阶段呈现出鲜明的特征。

2. 秦汉至唐时期

汉朝延续了之前“公田”与“私田”并存、“私田”可以买卖的土地制度。汉武帝时，针对土地兼并严重的情况，董仲舒提出“限民名田”的建议，即主张限制私人占田，抑制富豪兼并。这种建议接近先秦时期的井田制度，较平均地使农民拥有土地，但汉武帝并没有采用。王莽篡汉后，名义上是推行了王田制，事实上是恢复了井田制。东汉光武帝即位后，废除王莽所推行的土地政策，并在建武十五年（39 年）实行“度田”，下令各州、郡清查人民占有田地数量和户口、年岁，目的是要限制豪强富民兼并土地和蓄奴婢的人数，亦可便于征收赋税及力役。

东汉及曹魏时期实施土地所有权归封建国家所有的屯田制，这种制度充分利用军民开垦耕种荒地，达到了戍边和保证军需的目的。西晋时屯田制遭到破坏，转而实行占田制，允许农民占垦荒地。占田制的实行，表面上是限制土地兼并，实际上却保护了官僚士族的既得利益。北魏时期，政府实行了把封建国家掌握的土地分配给农民的均田制。该制度不以田为主，而以人丁为主，也就是“认人不认田”，比较倚重户籍人口调查管理，当时配套建立了“乡账”制度，规定每年一造账（人丁册），三年一造籍（户口册）。钱穆认为，租庸调制可谓中国历史上赋税制度之中最好者，论轻徭薄赋，亦当以唐代为最。但在长期实施中，由于账簿户籍统计清查跟不上，制度实施成本过大，加之耕地的增加满足不了人口增长的需要，人地矛盾突出，土地兼并不可避免，“安史之乱”后便不得不放弃这一制度。

总的来看，这一时期封建国家干预土地分配，一方面限制土地买卖和土地兼并，使得地主土地私有制在当时处于不完全、不自由的发展状态；另一方面国家分配土地，发展小农经济，积极培育自耕农和培养税源，土地制度总体上呈现出“公田”和“私田”并存、国家均田和贵族地主兼并土地并行的鲜明特点。

3. 宋元至清代时期

两税法尽管存在加剧贫富悬殊、利商不利农等弊端，历史上对此也褒贬不一、毁誉参半，但它不仅沿用于宋元时期，而且一直影响至民国时期，是中国古代赋税和土地制度的重要分水岭。一方面，两税法遵循“量出为入”的原则，改革了与租庸调制相配合的授田征租制度，实行了新的征租但不予授田的制度，导致国家更加重视税收，而对土地的公平分配重视不够，这意味着放弃了限田和均田政策，同时取消了对地主占有土地的限制，使“私田”得以发展，并逐渐占据了主导地位。宋朝初年，宋太祖一反之前抑制土地兼并的政策，实行了较为宽松的土地买卖和民间借贷政策，导致地主豪强不断兼并土地，后来推行的王安石变法也只是暂时限制了豪强地主的兼并势力。另一方面，“唯以资产为宗”“认田不认人”等两税法的实施，放松了国家对农民身份的控制，促使佃农身份合法化，这是中国历史上租佃普遍化的开端，为地主土地所有制的自由发展创造了条件。在这一时期，国家对地主土地占有制的限制有所放松，土地兼并加剧，地主土地所有制得到了较为充分的发展，土地占有从以政治权力为基础转变为以经济权力为基础，租佃关系在社会经济生活中的作用越来越重要，并逐渐主导地主与农民之间的关系，从而出现了较为完整的土地私有制。

明代中期后，以里甲制度为基础的赋役制度积重难返，百姓承受的各种徭役杂派日益繁重，而国家财政汲取能力不断降低，财政越来越入不敷出，不少官员为保证国家赋役，提出把赋与役合并为一，丁（人口役）与粮（田租）合一，并把征集重心由户丁转向田亩。万历九年（1581 年），张居正在明神宗的支持下，开始在全国推行“一条鞭法”。变法后，赋役征集不再需要里甲制度，“画地为牢”社会秩序日渐式微，农民拥有了更多的人身自由和职业选择，促进了工商业和商品生产的发展，推动了户丁税向地亩税的过渡，以及实物税向货币税的转变。清朝初期，名义上延续了明朝的“一条鞭法”，事实上实行的是“一条鞭法+丁银”。丁银即按人丁征收税银，而不论其贫富如何，存在明显的社会不公。“摊丁入亩”把之前部分按人头征收的赋税完全改为按田亩征收，从而相当于实施了完全的地亩税，一举解决了长期以来存在的赋役混乱的难题。由于人丁不再是征税对象，政府放松了对人口的控制，农民可以在各地自由迁徙，土地租佃及买卖交易比较活跃，促进了封建土地私有制和城镇工商业发展，“不在乡地主”人数日益增加。这一时期土地管理制度持续创新，土地市场交易活跃，租佃关系发达，以租佃的田地所有权与田面使用权相分离为特点的永佃权日益流行，国家更加注重运用赋税政策等经济手段调整国家和地主、地主和农民的关系，为中小地主和土地私有制发展创造了较为宽松的环境。

纵览中国历代租佃关系，从地租形态来说，实物地租是早期的普遍形式，也可能有部分劳役地租。魏晋时期实物地租逐渐增多，唐代租佃契约中也出现了货币地租。总之，随着古代社会经济的发展，人口整体呈现上升趋势，人地矛盾越发突出，农民生活困难，地主趁机加紧兼并土地，国家、地主、农民之间的利益分配失衡，损害了农民利益，最终引发农民反抗、王朝覆灭。循着地主土地所有制这条主线，按照时间序列分析每个轮回的朝代，可以发现，朝代接续中的地主土地所有制不是简单地重复，而是呈现出螺旋式上升的特点，不断得到巩固、完善和发展。

二、中国近代农民土地财产权制度的历程

（一）旧民主主义革命时期的农民土地财产权制度

19 世纪中叶至 20 世纪初，中国社会面临着国内外矛盾的冲击和社会的剧烈动荡。就国内而言，在 2000 多年的封建皇权统治下，政治统治体系复杂且官僚化，经济仍是依赖自然生产体系的农业社会，土地私有制造成的财富分配失衡使贫富差距极大，社会矛盾异常尖锐。中华民族面对内忧外患，从鸦片战争、甲午中日战争的列强侵略到戊戌变法、辛亥革命、五四运动的内部统治革命，再到抗日战争、独立战争的生死关头，各个层面都可以体现出中国人民保家卫国的美好愿望和努力。在如此巨大的社会变革背景下，排在第一位的依然是土地制度的变革。

孙中山的“平均地权”思想。光绪二十九年（1903 年）初，孙中山在越南建立了兴中会分会，入会誓词就列有“平均地权”。同年 9—10 月，孙中山在美国檀香山建立了中华革命军，在日本东京青山创立了革命军事学校，其誓词中均列有“平均地权”的内容。光绪三十年（1904 年），孙

中山在修订美国致公堂章程时，加入“平均地权”条文。光绪三十一年（1905 年），孙中山再次把“平均地权”列入党纲，由他主持通过的《中国同盟会总章》明确规定以“驱除鞑虏，恢复中华，建立民国，平均地权”为宗旨。光绪三十四年（1908 年），孙中山在他亲自修订的《中国同盟会革命方略》里，第一次对“平均地权”的宗旨及具体办法作出阐释，指出，文明之福祉，国民平等以享之。当改良社会经济组织，核定天下地价。其现有之地价，仍属原主所有；其革命后社会改良进步之增价，则归于国家，为国民所共享，要求“涨价归公”（孙中山，2011）。1919 年，孙中山进一步制定了实施平均地权的方法，一方面，要“定全国之地价”，地价由土地所有人申报，国家按价登记；另一方面，国家应当制定相应的法律法规，尤其是税法和土地法，来完善这一制度。1924 年，他强调，私人所有土地，由地主估价呈报政府，国家就价征收，并于必要时依报价收买之。至此，孙中山的“平均地权”思想彻底确立，即通过国家征收的方式实现土地的国有化，既能“节制资本”，又能保证土地价值因“社会之进步”而增加。后来，孙中山把目光从城市转向农村，多次申述实施“耕者有其田”的必要性，强调“要耕者有其田，才算是彻底的革命”。由此，平均地权、耕者有其田、涨价归公，共同构成了孙中山完整的土地制度纲领。

（二）新民主主义革命时期的农民土地财产权制度

随着中国共产党登上历史舞台，我们党在革命初期以土地革命为突破口，这是革命成功的重要经验，时称“打土豪分田地”。井冈山革命根据地建立后，中国共产党积极领导根据地人民进行土地改革，制定了一系列土地政策。第一，中国共产党第五次全国代表大会通过了《土地问题议决案》（1927 年），明确了土地问题的意义，初步将取消土地私有制度、实行土地国有化、让农民平均享用地权作为土地制度改革的基本内容和目标。第二，制定了《井冈山土地法》（1928 年），明确否定了封建土地所有制，实行没收一切土地归苏维埃政府所有的规定，并实施“主要以乡为分配单位”“以人口为标准，男女老幼平均分配”的土地分配政策。第三，制定了《兴国土地法》（1929 年），着重将《井冈山土地法》中规定的

“没收一切土地”改为“没收一切公共土地及地主阶级的土地”，重新界定了土地革命对象。第四，针对自耕农、富农、农村小地主等不同的经济收入群体制定实施了不同的土地没收政策。第五，出台了《土地问题决议案》（1927 年），明确没收地主的土地由农民代表大会或农民协会分配，并规定了分田的区域标准、数量标准及土地税收等政策。第六，实行“土地归农民所有，任其出租买卖”的政策，解决长期没有解决的土地所有权问题。在 3 年多的制度改革中，中国共产党逐步调整和制定了较为完善的指导土地革命的制度，并在此期间形成了土地革命路线：依靠贫农、雇农，联合中农，限制富农，保护中小工商业者，消灭地主阶级，变封建半封建的土地所有制为农民的土地所有制。总体上，这个时期的土地制度在探索和实践中不断改革、建设与完善，各项土地政策在调整中逐渐趋于合理、贴切和科学，对当时的土地革命具有较强的指导意义。土地制度的重建是以革命的方式进行的，该方式抓住了土地作为生产要素对人民生产和生活的不可或缺性，摧毁了已存在 2000 多年的封建地主土地所有制度，将其转变为农民土地所有制；遵循“耕者有其田”原则，让农民获得土地，使农村生产迅速恢复发展，奠定了革命的民众基础和经济基础。

抗日战争时期，为了保障根据地粮食、蔬菜、棉花等基本生活物资的供应，中国共产党主要实施了三项土地政策。第一，继续实施没收地主土地归农民所有的政策，让农民拥有土地，为根据地农业生产的发展提供最基本的土地保障。第二，通过对中小地主实行减租减息政策调动各根据地中小地主、开明绅士等中间阶层积极参与抗日，确保在推进土地制度改革的同时顾全抗战大局。第三，实施了卓有成效的土地利用政策。各根据地积极实行军垦屯田，大力开展军民联合大生产运动，极大地提高了各根据地的农业生产力、土地利用率和基本生活物资自给率。自 1943 年起，敌后根据地的粮食和蔬菜一般能够自给两三个月，甚至半年，人民的税负只占总收入的 14%左右，达到了当时的生活水平。

解放战争初期，解放区人口约 1.36 亿人，土地面积仅约占全国的 24%，广大农民强烈要求拥有土地，基于这一现实，共产党制定并实施了以下几项土地政策。第一，发布《关于土地问题的指示》（1946 年，“五四指示”），着重把抗战时期实行的减租减息政策改为彻底解决土地问题、实现“耕者有其田”的政策。第二，实行土地收购政策。陕甘宁边区政府制定了《征购地主土地条例草案》，通过发行土地公债给地主，有代价地收购土地分配给农民，以推进当时国内正在进行的全国和平民主进程，而不让地主受过大的损失。第三，制定了彻底反封建的土地革命纲领《中国土地法大纲》。该大纲规定，废除封建性及半封建性剥削的土地制度，实行耕者有其田的土地制度，征收富农多余的土地财产，以乡村农会接收地主牲畜、农具、房屋、粮食及其他财产的政策，代替过去征购地主土地的政策。这个时期除了实施《中国土地法大纲》之外，还及时发出了《老区半老区的土地改革与整党工作》《新解放区土地改革要点》等指示，并形成了这个时期的土地改革总路线即“依靠贫农，团结中农，有步骤、有分别地消灭封建剥削制度，发展农业生产”。这些制度、路线相互补充、相辅相成，有效推进了解放区的土地制度改革。

三、中国现代农民土地财产权制度的改革

（一）中华人民共和国成立初期的农民土地财产权制度改革

中华人民共和国成立时，约有 2.9 亿农业人口的地区尚未进行土地改革，为了全面推进改革，我国制定了两大土地制度。首先，制定了《中华人民共和国土地改革法》。该土改法规定没收地主的土地，征收富农租用的土地和房屋，重新分配给无地、少地、无房的农民。土地改革完成后，人民政府颁发了土地所有权证，承认土地所有者有权自由经营、买卖和出租自己的土地。随着《中华人民共和国土地改革法》的实施，我国顺利完成了由封建半封建的土地所有制向农民土地所有制的转变，农村土地所有权和使用权的主体实现了统一。其次，1954 年颁布《中华人民共和国宪法》。《中华人民共和国宪法》第八条规定，国家依照法律保护农民的土地所有权和其他生产资料所有权；第十三条规定，国家为了公共利益的需要，可以依照法律规定的条件，对城乡土地和其他生产资料实行征购、征用或者收归国有。根据这两

条规定，农民的土地所有权受《中华人民共和国宪法》的保护，国家只有因公共利益需要才可以对农民的土地实行征用或收归国有。

实行农民土地所有制后，农村土地利用方式落后、土地利用率低、农业生产难以满足城市和工业发展对粮食等农产品日益增长的需求，贫富差距趋于两极分化。因此，我国从1956年开始对国民经济各部门进行系统的社会主义改造，将分散的小农经济转变为集体经济，将宪法规定的“土地归农民所有”转变为“人民公社、生产大队和生产小队”三级所有。1962年，《农村人民公社工作条例（修正草案）》对土地归属作出了更详细的规定，生产队范围内的土地，都归生产队所有。生产队所有的土地，包括社员的自留地、自留山、宅基地等等，一律不准出租和买卖。集体所有的山林、水面和草原，凡是归生产队所有比较有利的，都归生产队所有。这一规定将中华人民共和国成立初期形成的农民土地所有制转变为农村土地集体所有制。

（二）改革开放以来的农民土地财产权制度改革

1. 创新性地建立了土地所有权与承包经营权“两权分离”的制度

以1978年底安徽省小岗村实行农业生产大包干为标志，我国农村开展了将集体土地承包给农户的土地制度改革。1981年召开的党的十一届六中全会充分肯定了这项改革，1982—1986年出台的中央一号文件都要求稳定和完善家庭联产承包责任制，1984年的中央一号文件明确规定土地承包期限应为15年以上，1986年全国有超过99.6%的农户实行了大包干。我国农村土地集体所有、集体使用的制度因此转变为土地所有权归集体、承包经营权归农户、土地所有权与承包经营权“两权分离”的制度。良好的土地利用绩效使这项制度得到不断的巩固、发展和完善。1993年，农村家庭联产承包责任制被写入《中华人民共和国宪法》。《中华人民共和国宪法修正案》第八条第一款明确规定，农村实行以家庭联产承包为主的责任制，我国从此在法律层面上确定了农村土地“两权分离”的制度。而且，1993年的《中共中央、国务院关于当前农业和农村经济发展的若干政策措施》和1997年颁布的《中共中央办公厅　国务院办公厅关于进一步稳定和完善农村土地承包关系的通知》（中办发〔1997〕16号）都规定在耕地第一轮承包期15年（1983—1997年）到期之后，再延长30年（1997—2027年）。2017年，党的十九大报告提出到第二轮土地承包期到期之后再延长30年（2027—2057年）。可见，农村土地所有权归集体，承包经营权归农户的土地基本制度已成为我国长期稳定的农村土地基本制度之一。

2. 允许农地流转，建立较为完整的农地流转制度

随着进城务工的农民越来越多、农业生产机械化水平越来越高、土地规模化经营的趋势越来越明显，我国逐步建立了允许农地流转的制度。

首先，农地流转制度建设被列入国家制度建设计划。1984年中央一号文件要求土地逐步向种田能手集中；1993年，党的十四届三中全会通过的《中共中央关于建立社会主义市场经济体制若干问题的决定》再次要求，在坚持土地集体所有的前提下，延长耕地承包期，允许继承开发性生产项目的承包经营权，允许土地使用权依法有偿转让，这是我国农村经济体制深化改革的内容之一。

其次，实施允许和规范农地流转的制度。1998年，党的十五届三中全会通过的《中共中央关于农业和农村工作若干重大问题的决定》明确指出农户可以自愿、有偿流转承包地的使用权。我国于2002年颁布的《中华人民共和国农村土地承包法》则对土地承包经营权的取得、保护、流转、流转双方的权利和义务等内容作了详细的规定，进一步规定了农地流转的方式，即土地承包经营权可以转包、出租、互换、转让或者以其他方式流转。2013年，党的十八届三中全会再次明确农民对承包地享有占有、使用、收益、流转及承包经营权抵押、担保等权利，农民可以承包经营权入股发展农业产业化经营。2014年颁布的《中共中央办公厅　国务院办公厅关于引导农村土地经营权有序流转发展农业适度规模经营的意见》（中办发〔2014〕61号）和2021年印发的《农村土地经营权流转管理办法》进一步为规范农用地流转、增强土地经营权流动性作了制度上的安排，成为保护流转主体合法权益、促进大量自发产生的农用地流转走向规范化和制

度化的有效法律手段。

最后，完善农用地流转相关配套制度。2007 年颁布的《中华人民共和国物权法》将土地承包经营权确定为用益物权，承包农户对承包土地依法享有占有、使用、流转、收益等权利。2009 年出台的《中华人民共和国农村土地承包经营纠纷调解仲裁法》则确保了土地承包经营纠纷的调解、仲裁等有法可依。此外，我国还建立了土地承包经营权登记制度，2014 年，中央要求各地在 5 年内基本完成土地承包经营权确权登记工作。这些配套制度为有效保护农民权利和依法规范农用地流转创造了基础条件。

（三）党的十八大以来中国特色社会主义的农民土地财产权制度

党的十八大以来，针对乡村新业态转变、农村劳动力要素转移、土地要素市场化配置诉求增加、土地产权权能不尽清晰完整等新形势、新问题和新挑战，我国在农村土地承包经营制度、土地征收制度、集体经营性建设用地入市制度、宅基地制度等方面进行了一系列改革。

1. 农村土地承包经营制度改革

（1）建立农村土地“三权分置”制度

随着城市化和工业化的快速推进，大量劳动力不断从农村转移到城市，农村土地承包主体和实际经营主体分离的现象越来越明显，农村土地征用规模也在逐年扩大。2013 年 7 月，习近平总书记在武汉调研时强调，完善农村基本经营制度，要好好研究农村土地所有权、承包权、经营权三者之间的关系。随后，每年的一号文件都提到了土地“三权分置”问题的布局要求和整体原则，2018 年修正的《中华人民共和国农村土地承包法》进一步将农村土地“三权分置”制度纳入法治轨道，赋予其正式的法律地位。

（2）建立农村土地承包经营权登记制度

长期以来，农村存在承包地权属不清、面积不准、界址不明、登记簿不全等现实问题。2013 年中央一号文件指出，要深入开展农村土地确权登记颁证工作，完善农村经营性承包地登记制度，加强耕地、林地等不同类型土地权属保护，并明确原则上用 5 年时间完成土地承包经营权确权登记颁证工作，妥善解决农户承包地块面积不准等实际问题。2019 年中央一号文件明确，在原则上完成土地承包经营权确权登记颁证工作的基础上，开展“回头看”，做好收尾工作，妥善解决遗留问题，将土地承包经营权的证书发放至农户手中。

（3）明确第二轮农村土地承包到期后再延长 30 年

党的十九大报告提出，要保持土地承包关系稳定并长久不变，第二轮土地承包到期后再延长三十年。2018 年中央一号文件强调，要落实农村土地承包关系稳定并长久不变政策，第二轮土地承包期结束后再延长 30 年，让农民吃上长效定心丸。2018 年修正的《中华人民共和国农村土地承包法》和 2019 年修正的《中华人民共和国土地管理法》，从法律上规定了第二轮承包到期后再延长 30 年。准确理解“长久不变”的政策内涵，即长期坚持集体土地所有权和家庭承包经营权分立的基本制度，长期坚持农民依法签订集体土地承包合同的基本权利，保持农民承包地稳定。

（4）发展多种形式的农村土地适度规模经营

党的十八大报告提出，要培育新型经营主体，发展多种形式规模经营，构建集约化、专业化、组织化、社会化相结合的新型农业经营体系，实行适度规模经营。随后，党的十八届三中全会提出，坚持家庭经营在农业中的基础性地位，推进家庭经营、集体经营、合作经营、企业经营等共同发展的农业经营方式创新，鼓励承包经营权在公开市场上向专业大户、家庭农场、农民合作社、农业企业流转，发展多种形式规模经营。党的十九大报告进一步提出，要发展多种形式适度规模经营，培育新型农业经营主体，健全农业社会化服务体系，实现小农户和现代农业发展有机衔接。此外，2021 年颁布的《中华人民共和国乡村振兴促进法》和 2013—2022 年中央一号文件提出，要遵循依法自愿有偿原则，坚持农民家庭经营主体地位，开展农民合作社规范提升行动，深入推进示范合作社建设，大力培育新型农业经营主体和服务主体，健全土地经营权流转服务体系发展多种形式的适度规模经营。

2. 农村土地征收制度改革

（1）征地范围：明确公共利益内涵

党的十八届三中全会明确要缩小征地范围。2014 年 12 月，中共中央办公厅、国务院办公厅发布的《关于农村土地征收、集体经营性建设用地入市、宅基地制度改革试点工作的意见》提出，探索制定土地征收目录，严格界定公共利益用地范围。在总结和论证试点经验的基础上，2019 年修正的《中华人民共和国土地管理法》第四十五条明确了征地中公共利益的内涵和范围，进一步地，自然资源部于 2020 年 11 月出台了《土地征收成片开发标准（试行）》，对“成片开发”的内涵作出了界定，即在国土空间规划确定的城镇开发边界内的集中建设区，由县级以上地方人民政府组织的对一定范围的土地进行的综合性开发建设活动。

（2）征地程序：完善程序正义机制

2014 年发布的《关于农村土地征收、集体经营性建设用地入市、宅基地制度改革试点工作的意见》提出，规范土地征收程序，建立社会稳定风险评估制度，健全矛盾纠纷调处机制，全面公开土地征收信息。2019 年 6 月，自然资源部办公厅发布了《农村集体土地征收基层政务公开标准指引》，对公开目录和事项标准作出了明确要求。同年修正的《中华人民共和国土地管理法》也对征地程序作了明确规定，征地批后公告改为批前公告，多数被征地主体对补偿安置方案有异议的，应当组织召开听证会并依法依规修改；进一步落实被征地主体的知情权、参与权、监督权。在征地报批前，地方政府要与被征地主体签订补偿安置等协议。

（3）征地保障：提出多元保障的补偿方案

党的十八大报告明确要“改革征地制度”，提高农民在土地增值收益中的分配比例。2013—2015 年中央一号文件提出，要建立兼顾国家、集体、个人的土地增值收益分配机制，除补偿农民被征收的集体土地外，还必须对被征地农民的住房、社保以及就业培训给予合理保障，因地制宜地采取留地安置、补偿等多种措施，确保被征地农民长期受益。2013 年发布的《中共中央关于全面深化改革若干重大问题的决定》提出完善对被征农民合理、规范、多元保障机制，2019 年修正的《中华人民共和国土地管理法》对征收补偿作出了修改，首次将 2004 年《国务院关于深化改革严格土地管理的决定》（国发〔2004〕28 号）提出的征地补偿原则上升为法律规定，即“保障被征地农民原有生活水平不降低，长远生计有保障”。

3. 农村集体经营性建设用地入市制度改革

（1）破除不能入市的法律约束

《中华人民共和国土地管理法》2004 年版第四十三条规定，任何单位和个人进行建设，需要使用土地的，必须依法申请使用国有土地。集体建设用地必须征收为国有后才能出让使用。这导致集体建设用地的资产价值无法得到显化，降低了农村土地资源的配置效率，侵蚀了农民的土地财产权。为此，党的十八届三中全会提出，要建设城乡统一的建设用地市场，在符合规划和用途管制的前提下，允许农村集体经营性建设用地出让、租赁、入股，实行与国有土地同等入市、同权同价。在完成“四年三块地”改革试点并总结改革成效和经验的基础上，2019 年，我国修正了《中华人民共和国土地管理法》，在法律层面为集体经营性建设用地入市破除了障碍，允许符合规划和依法登记的集体经营性建设用地入市交易。

（2）入市管理：界定入市范围、途径和主体

2014 年发布的《关于农村土地征收、集体经营性建设用地入市、宅基地制度改革试点工作的意见》提出要完善农村集体经营性建设用地产权制度，赋予农村集体经营性建设用地出让、租赁、入股权能，明确农村集体经营性建设用地入市范围和途径。2016 年 5 月，中国银监会、国土资源部发布了《关于印发农村集体经营性建设用地使用权抵押贷款管理暂行办法的通知》（银监发〔2016〕26 号），为入市明确了资金的可能来源，确保入市稳步推进。2019 年修正的《中华人民共和国土地管理法》和 2021 年颁布的《中华人民共和国乡村振兴促进法》对农村集体经营性建设用地的入市范围、途径与主体作出了全面的法律界定。土地利用总体规划、城乡规划确定为工业、商业等经营性用途，并经依法登记的集体经营性建设用

地，经本集体经济组织成员的村民会议 2/3 以上成员或者 2/3 以上村民代表的同意，土地所有权人可以通过出让、出租等方式交由单位或者个人使用，通过出让等方式取得的集体经营性建设用地使用权可以转让、互换、出资、赠与或者抵押。

（3）利益分配：建立土地增值收益分配机制

2016 年 4 月，财政部、国土资源部出台了《农村集体经营性建设用地土地增值收益调节金征收使用管理暂行办法》，规定农村集体经济组织通过出让、租赁、作价出资（入股）等方式取得农村集体经营性建设用地入市收益，以及入市后的农村集体经营性建设用地土地使用权人，以出售、交换、赠与、出租、作价出资（入股）或其他视同转让等方式取得再转让收益时，向国家缴纳调节金。农村集体经营性建设用地入市或再转让须征收 20%~50%的土地增值收益调节金，调节金全额上缴试点县地方国库，纳入地方一般公共预算管理。

4. 农村宅基地制度改革

（1）扩权赋能：建立宅基地“三权分置”制度

2018 年中央一号文件首次提出探索宅基地所有权、资格权、使用权“三权分置”，落实宅基地集体所有权，保障宅基地农户资格权和农民房屋财产权，适度放活宅基地和农民房屋使用权，并明确不得违规违法买卖宅基地，严格实行土地用途管制，严格禁止下乡利用农村宅基地建设别墅大院和私人会馆。中共中央、国务院于 2019 年 5 月发布的《关于建立健全城乡融合发展体制机制和政策体系的意见》、2020 年 6 月中央全面深化改革委员会第十四次会议通过的《深化农村宅基地制度改革试点方案》和 2019—2022 年中央一号文件都提出了以探索宅基地“三权分置”为重点，进一步深化农村宅基地制度改革试点，旨在赋予农民更多的土地使用权能，增加农民的财产性收入。

（2）一体确权：建立宅基地“房地一体”登记制度

2014 年，国土资源部、财政部、住房和城乡建设部、农业部、国家林业局联合印发了《关于进一步加快推进宅基地和集体建设用地使用权确权登记发证工作的通知》（国土资发〔2014〕101号），提出要因地制宜加快推进宅基地确权登记发证工作。2016年中央一号文件针对此项改革提出要实行“房地一体”的农村宅基地确权登记制度，2019年中央一号文件明确宅基地使用权确权登记颁证工作力争到2020年基本完成。但由于全国宅基地数量多，一些地区仍存在农村地籍调查基础薄弱、信息化登记不完善等问题，加之受新冠疫情的影响，未能按时完成登记工作。2020年5月，自然资源部发布了《关于加快宅基地和集体建设用地使用权确权登记工作的通知》（自然资发〔2020〕84号），提出要积极化解疑难问题，依法依规办理登记，充分利用信息系统登记，切实做好确权登记成果的入库与整合汇交工作，从而为减少土地纠纷、维护农民合法土地权益提供有效保障。

（3）利用管理：建立宅基地取得要审批、退出要盘活的管理制度

在宅基地取得上，2019年修正的《中华人民共和国土地管理法》第六十二条进一步强调了农村村民一户只能拥有一处宅基地，其宅基地的面积不得超过省、自治区、直辖市规定的标准。人均土地少、不能保障一户拥有一处宅基地的地区，县级人民政府在充分尊重农村村民意愿的基础上，可以采取措施，按照省、自治区、直辖市规定的标准保障农村村民实现户有所居，并且农村村民出卖、出租、赠与住宅后，再申请宅基地的，不予批准。在宅基地审批上，下放了审批权限。《中华人民共和国土地管理法》规定农村村民住宅用地，由乡（镇）人民政府审核批准。2019年12月发布的《农业农村部、自然资源部关于规范农村宅基地审批管理的通知》提出要依法规范农村宅基地审批和建房规划许可管理，明确自请审查程序，完善审核批准机制，严格用地建房全过程管理。在宅基地退出上，《中华人民共和国土地管理法》明确规定国家允许进城落户的农村村民依法自愿有偿退出宅基地。在宅基地盘活上，2017年和2018年中央一号文件，2019年9月中央农村工作领导小组办公室、农业农村部联合发布的《关于进一步加强农村宅基地管理的通知》（中农发〔2019〕11号），以及农业农村部发布的《关于积极稳妥开展农村闲置宅基地和闲置住宅盘活利用工作的通知》（农经发〔2019〕4号）都明确鼓励节约集约利用宅基地，突

出服务乡村振兴，因地制宜选择盘活利用模式，依法规范盘活利用闲置宅基地和闲置住宅。

第三节　农民土地财产权的思想源流与理论发展

一、地租理论视野下的农民土地财产权理论

（一）古典经济学家的地租理论

由于地租在社会生产和发展中的重要性，在古典政治经济学的发展过程中，许多经济学家在早期资本主义时期对地租问题的研究较多，其中，具有代表性的是重商主义学派和农业学派的一些创始人。

英国古典政治经济学的奠基人威廉·配第（2009）最早提出了地租理论，并为地租理论作出了开创性的贡献。他在其名著《赋税论》中首次提出地租是土地上生产农作物所得的剩余收入，并提出土壤肥沃程度、耕作技术高低及产地距离市区远近的不同会导致地租和地价的差异；他还阐明了地价可以通过将土地获得的地租金额资本化来计算，这些观点为土地经济学中的差别地租理论奠定了初步基础（陈燕，2011）。

弗朗斯瓦·魁奈创新了“纯产品”学说。农业是自然创造财富的生产部门，他把农业中由于自然的协助而生产的超过生产和生活支出的剩余产品称为“纯产品”，这些“纯产品”的形式就是土地所有者占有的地租。因为农业是自然创造财富的生产部门，魁奈提出“土地单一税理论”，主张只对土地的收入征缴税收。为了精简征税机构、节省征税费用，魁奈主张实施土地单一税，这样可以减轻土地所有者税负，更好地维护土地私有制（陈燕，2011）。

亚当·斯密是英国资产阶级古典政治经济学主要代表人物和创始人之一，在其出版的《国民财富的性质和原因的研究》中系统地研究了地租及地租量的决定问题，比前人更加明确地论述了地租的计算及其决定机制（亚当·斯密，1972）。他主要有以下观点：第一，认为地租不是投在土地

上资本的利息，而是土地所有权所要求的，是土地所有权的单纯的结果，是一种垄断价格；第二，承认绝对地租的存在，但没有提出级差地租的概念；第三，把地租的研究从农业用地扩充到非农业用地，认为非农业用地所产生的价值只有高于原先种植作物所产生的地租，才有这种转用的可能；第四，建筑土地的地租和一切非农业土地的地租一样，是由真正的农业地租调节的。

大卫·李嘉图（2013）是英国古典政治经济学的集大成者。他初步将劳动价值论的基本理论框架运用到地租的研究中，在亚当·斯密等的理论基础上，进一步丰富和发展了级差地租理论，初步形成了级差地租的理论体系；并运用劳动时间决定价值量的原理，创立了差额地租学说。虽然大卫·李嘉图考察了级差地租的两种形态，但他只看到了两者的区别，并没有探讨两者之间的联系，也没有发现土地私有制和土地经营垄断是地租产生的根本原因。他混淆了生产价格与价值的概念，否认绝对地租，忽视土地私有权的垄断。

詹姆斯·安德森（2010）最先提出完整的地租理论。在《谷物法本质的研究：关于为苏格兰提出的新谷物法案》一文中，詹姆斯·安德森明确否定地租是决定价格的因素，指出并不是地租决定土地上产品的价格，而是价格决定地租。他认为，土地质量存在差异会引起耕种不同质量的土地所消耗的费用不同，因此利润必定会有差异。马克思称其是级差地租的真正创始人。

（二）马克思的地租理论

马克思批判地继承并发展了威廉·配第、亚当·斯密、大卫·李嘉图和詹姆斯·安德森等的地租学说，以坚持劳动价值论为出发点，指出地租是剩余价值转化的形式之一，并阐明了资本主义地租的三种形式，即绝对地租、级差地租和垄断地租，具有重要的理论价值和现实意义。马克思在1847年出版的《哲学的贫困》一书中讨论了地租理论，随后在《剩余价值理论》和《资本论》等著作中提出了地租理论体系（马克思，1975，2004）。他认为，地租是土地所有权的实现，土地所有权则是地租形成的前提和基础；地租的形式是土地所有权实现的经济形式。绝对地租实质是土地所有权垄断的结果，只要存在土地私有制，绝对地租就不可避免；而资本主义土地经营权的私人垄断是造成级差地租的原因。马克思的地租理论以平均利润理论和生产价格理论为基础，强调有限的土地、不同质量的土地和不同的生产率会产生级差地租。

党的十一届三中全会以后，随着20世纪80年代以来我国经济体制改革，学者围绕土地所有权的存在及其与使用权是否分离、社会主义与土地私有的关系展开讨论（杜奋根、赵翠萍，2008），形成了两种完全对立的观点。第一种观点肯定社会主义制度中土地所有权的存在，并比较一致地认为土地所有权的存在是社会主义绝对地租存在的原因；第二种观点则不承认社会主义存在绝对地租。随着社会主义商品经济、市场经济理论的逐步引入，传统的社会主义观念被打破，学术界对社会主义是否存在地租的争论转向对马克思地租理论的逻辑内涵和土地租量的探讨。潘永强（1992）证明了马克思《资本论》第三卷与《剩余价值理论》中的级差地租和绝对地租量的两种不同规定的统一性，以及这两种不同计算方法结果却相同的问题；徐熙泽和马艳（2011）在马克思劳动价值论的基础上引入虚拟价值范畴，并在新假定条件下重新构建了地租理论模式，认为“级差地租不是在土地上投入劳动所创造的价值，而是由其他部门转移过来的虚假社会价值”，从而进一步发展了地租理论。杨宇霞（2000）认为，实行农村土地国有制符合马克思关于地租与土地所有者之间的统一，对国家实现土地承包期限的长期稳定以及农户获得（土地）长期投资和资本积累具有促进意义，促进了农业宏观利益与微观利益的统一。而承认社会主义地租的存在，即认同马克思地租理论的现代价值。我国学者冯继康（2003）、潘永强（1992）指出，要正确理解马克思关于地租、地价的论述，科学合理地确定相关标准与实施办法，农用地以地租和级差地租的形式有偿流转，是市场配置资源的客观要求，也是实现农业产业化和规模化的需要。要在结合马克思地租理论分析的基础上，完善农村土地征收利益分配机制的现实途径，实现国家、集体和个人利益的一致性与合理性。杜丽娟等（2010）研究了马克思地租理论在我国土地流转实践中的应用与修正问题，认为农户土地经营权是获取土地流转报酬的前提，土地流转价格应在绝对地租和级差地租基础上，通过社会保障系数予以修正。因此，随着城市化进程的加快，农村土地不断被征收、征用，以满足公益事业、经济发展的需要，必须正确理解马克思的地租理论，处理好社会主义地租的归属问题，尤其是农转非土地增值收益的归属分配问题。当前，学术界有土地“涨价归公”“涨价归农”，以及归原土地所有者、全社会共同分享的“公私兼顾”等不同观点（潘永强，1992；周诚，2003，2006；张期陈、胡志平，2010），但研究土地自然增值的归属应与其产生的根源相联系，并兼顾社会各个相关方面的利益。“涨价归公”制完全否定了原土地所有者的开发权，实行“涨价归私”制仅能保障失地者的利益，而不能兼顾在耕农民和社会的利益；在“公私兼顾”制条件下，当每一块土地所有者所平等拥有的开发权不能实现时，便应当由获得开发权的土地所有者或国家给予补偿，可纠正土地开发收益完全“归公”或“归私”之弊。

关于马克思地租理论现代价值的研究，现有研究多从马克思地租理论的效率视角展开（Currie，1981；Dale，1997），考虑更多的是地租理论的效率功能，而忽略了地租理论的公平价值。有学者指出，马克思地租理论的现代价值不仅体现在“效率”上，而且体现在“公平价值”上（潘永强，1992；冯继康，2003；诸培新 等，2009；徐熙泽、马艳，2011）。在我国计划经济体制下，由于长期陷入地租分配损害社会公平功能绝对化的误区，无论是土地国有制还是土地集体所有制，都采取了取消地租、实行土地无偿使用的政策，以此来实现对资本主义制度下地租分配不公平状况的矫正，但结果是既牺牲了对土地资源有效配置的效率，又牺牲了真正的社会公平。在社会主义市场经济体制下，土地资源的开发对整个经济社会发展的作用功不可没，而在土地资源开发利用过程中由于土地增值收益分配制度的不合理、不完善，相关各方利益关系未理顺，产生了大量土地增值收益分配不公平等负面效应，社会主义地租在实践中没有很好地体现“公平价值”。

通过比较古典经济学家的地租理论和马克思的地租理论，可以看出古典经济学通过对地租的研究发现了剩余价值存在的事实，亚当·斯密认识到剩余价值源于地租，但威廉·配第错误地将地租等同于剩余价值，古典经济学家中只有亚当·斯密和大卫·李嘉图联系土地所有权或者土地私有权来分析地租。由于他们都只从流通的视角来分析垄断价格，对于土地价格的理解失之偏颇，而不能正确理解生产价格和价值的关系，对绝对地租和级差地租的解释也较为片面。古典经济学家认为，资本主义制度可以永恒存在，其科学的经济思想发展受到资本主义制度永恒的局限。随着资本主义由自由竞争阶段进入垄断竞争阶段，无产阶级与资产阶级的矛盾日益尖锐，资产阶级的经济理论陷入绝境。马克思的地租地价理论揭示了地租地价的实质及其发展变化规律，为我国土地管理制度改革提供了理论基础。根据马克思的地租理论，地租是土地所有权在经济上的实现形式，地租和土地产权关系相辅相成。虽然我国实施的是社会主义土地公有制，但土地所有权依然存在。土地所有权形式表现为两种：农村土地归农民集体所有、城市土地资源实行国家所有。马克思指出，绝对地租归土地所有者。因而，国有城市土地的地租应上缴国家，但现实中大部分成为开发商的利益。集体土地地租应该归农民集体所有，却往往被各个利益群体侵占。因此，需要开拓马克思地租理论效率与公平统一的新视界，在实践中指导土地增值收益的合理分配。马克思的整个世界观不是教义，而是方法。它提供的不是现成的教条，而是进一步研究的出发点和供这种研究使用的方法。马克思地租理论不仅可以揭示资本主义条件下土地所有者、农业资本家共同剥削农业工人的经济关系，也可以在社会主义实践中，为实现土地资源的有效配置、土地增值收益的公平分配提供理论指导。

二、产权理论视野下的农民土地财产权理论

（一）马克思的农民土地财产权理论

马克思虽然没有明确“土地产权”的范畴，但在《资本论》《剩余价值理论》等著作中详细地探讨了土地权利的形式，重点研究了资本主义制度下土地产权的性质、内容、作用及经济实现形式，对土地产权的内涵与外延作了许多精辟而深刻的论述，这些论述构成了马克思的土地产权理论

（马克思，1975）。马克思认为，土地所有权本来就包含土地所有者剥削土地，剥削地下资源，剥削空气，从而剥削生命的维持和发展的权利。所有权是所有制的具体表现，土地产权则是土地所有制在特定社会制度下的具体反映。土地所有权作为土地产权权能的核心，是土地终极所有权主体排他性独占土地并得到社会公认的权利，土地所有权和使用权既可以统一，又可以分离。他指出，资本主义生产方式的重要结果之一是它一方面使土地所有权从统治和从属的关系下解放出来，另一方面又使作为劳动条件的土地同土地所有权和土地所有者完全分离。虽然这一观点没有明确指出土地产权是商品，但也是把土地产权当作商品来理解的。

在《德意志意识形态》中，马克思研究了人类历史上四种不同形式的土地所有权。他从“占有”的角度论述了经济关系的决定力量，指出了所有制与所有权的关系，所有权与法权的相互作用。他认为，私有财产的真正基础，即占有，是一个事实，是不可解释的事实，而不是权利。只是由于社会赋予实际占有以法律的规定，实际占有才具有合法占有的性质，才具有私有财产的性质。由此，可以得出两个结论：一方面，所有制是有决定意义的“占有”，所有权是生产资料所有制的具体化和法律形态，产权关系的发展和变化取决于生产资料所有制的变革；另一方面，权利的法律界定是对经济关系的规范和调整，产权只有获得法权的形式才会更明确，更有保障。

（二）现代西方经济学的农民土地财产权理论

西方产权学家一般认为私有产权有效率或效率高，而公有产权的资源配置外部性内部化过程非常复杂，效率低下。因此，西方产权理论崇尚产权明晰和私有，认为产权主体明晰，责权利关系明确，可以在土地交易中更好地利用市场价格调节机制（Payne，2004）；私有产权能够使外部效应内部化的成本降低，提高资源配置效率（Schlager and Ostrom，1992）。现代西方产权经济学派以成本—收益分析为研究产权问题的主要方法，辅之以均衡分析法和边际替代法，认为产权越明晰，资源配置就越有效（Williamson，1979）。其产权理论倾向于微观与效率分析的理论方法，但这些关于产权理论或模型都暗含政府行为外生的假设前提，较少考虑宏观层面国家对产权结构形成的影响及其后果。从已有的研究来看，西方现代产权经济学家在以下几个部分重点讨论了产权理论。

1. 产权起源理论

产权起源理论确切地说是私有产权起源理论，主要包括：以西蒙为主要代表的交易费用节约论，运用土地合并中交易主体为避免交易费用而选择与私人企业主谈判的具体事例说明私有产权的起源；以诺斯为代表的人口增长说，认为产权的建立有助于市场机制的变迁，促进经济的增长，经济力的作用推动产权的形成与发展；阿尔钦从法律层面对产权的本质进行考察，认为产权的本质是社会强制下的物品使用权；以德姆塞茨为代表的商业活动促进说认为，私有产权是产权的真正起源，私有产权有利于资源配置效率。

2. 企业产权理论

分析企业与外部投资者的产权关系、经营者与所有者的权利配置以及企业内部的治理结构或权利分配，既有企业制度历史分析，也有现代企业制度比较分析。在这一分析过程中，博弈论和信息经济学也被作为分析工具使用（Greenwood and Hinings，1996）。

3. 制度比较与选择理论

现代西方产权理论奠基人科斯在《社会成本问题》中主要讨论了产权的法律界定问题，把产权关系看作超越一定经济基础的法律权利（李江、孙京洲，2016）。科斯认为，产权关系是一种交易关系，人们进行交换的基础就是对私有财产的所有权。根据科斯理论，如果土地流转没有交易费用，不管什么样的土地产权制度都能合理配置土地资源。但是土地流转中存在难以避免的交易费用，不同的初始产权安排会导致不同的配置效率。Demsetz（1967）认为，产权的重要性在于事实上它能帮助一个人形成与其他人进行交易时的合理预期；但若产权制度不稳，人们就无法对自己所拥有的产权形成稳定的预期，从而损害产权的效率。在《关于产权的理论》一文中，德姆塞茨以土地这一财产为例，分析了共有产权、私有产权和国家产权三种产权结构的效率，认为只有私有产权才能推进市场、提高经济效率（哈罗德·德姆塞茨、银温泉，1990）。

4. 法律经济学

法律经济学的理论基础主要包括新古典经济学、新制度经济学等。新古典经济学提供了理性的效用最大化等理论前提，新制度经济学则直接为法律经济学提供了方法论基础。法律经济学的核心目标是通过经济学的方法和理论揭示法律规则与经济发展之间的内在逻辑联系，以实现公平与效率的有机统一，强调法律制度的供给者或决定者与接受者或需求者在制度市场上的交易过程，以及法律制度本身作为一种重要资源的角色。

5. 制度变迁理论

将产权理论和制度变迁结合起来，是新制度经济学的代表人物——美国经济学家道格拉斯·C. 诺斯（Douglass C. North）在制度变迁理论下的一大贡献。诺斯认为，科斯等提出的产权理论有助于解释人类历史上交易费用的降低和经济组织形式的替换。根据产权理论，在现存技术、信息成本和未来不确定因素的约束下，明晰产权是解决问题效率最高、成本最低的形式，有效率的产权应是竞争性的或排他性的。为此，需要明确界定产权，这有助于减少未来的不确定性，从而降低产生机会主义行为的可能性，否则将导致交易或契约安排的减少。

在新制度经济学看来，国家是一个具有合法使用暴力和强制提供法律、秩序的组织，并最终要对造成经济增长、衰退或停滞的产权结构效率负责的制度安排。制度变迁理论强调产权和制度变迁是相互影响、相互促进的，产权本身就是一定制度下经济所有制的法律表现形式，制度的变化会导致产权性质的改变；同时，产权的变化也会对经济活动的效率和交易成本产生重大影响。由于更高效经济的发展最终会导致与原有产权结构的不一致，国家会设计新的制度来调整产权结构，以适应当前的经济秩序。产权关系的明晰化和制度化是社会正常运转的基础，由于现代市场经济中的产权关系复杂多样，这就需要国家通过制度设计，容纳不同的产权主体，以建立和规范产权主体行为的产权制度，协调人们的社会关系，保证社会秩序规范有序运行。土地作为传统的三大生产要素之一，在社会发展中发挥着重要作用。土地所有权是产权制度中的一个重要范畴，从制度变迁理论的角度来看，明晰土地产权对于进一步完善土地市场，降低土地交易成本，提高土地利用效率，保护土地所有者利益，激发土地所有者的创造性和积极性，最终促进经济发展至关重要。

改革开放以来，西方经济学中的产权思想在我国不断传播，并被广泛用于分析我国的产权制度（Wang et al.，2011；Lei et al.，2022）。在对我国土地产权的要素、功能和问题的研究中，许多学者利用农户调查资料，从农村土地产权的安全、农村土地的转让权和经营自主权等方面分析了中国农村土地制度的地区差异及其与农业绩效的关系（Brandt et al.，2004；Deng et al.，2015）。韩俊（1999）认为，农村土地产权的稳定性得不到有效保障，频繁的土地调整和过短的承包期使许多农民对自己的土地使用权缺乏安全感。陈志刚和曲福田（2003）分析了改革开放以来我国农村土地制度更新的形式、特点与地区差异，并在此基础上提出农村土地制度更新是不同地区人们对农村土地权利需求的差异造成的，指出农村土地产权制度在总体上正经历着一个从残缺到不断完善的过程，土地的使用权日渐稳定可靠，转让权从无到有，收益权的独享性得到增强。诸多学者试图从农民行为和意愿等微观层面，阐释土地制度改革激励约束结构的理论与方法，为研究中国农村土地制度变迁提供创新性的理论框架（陈莹 等，2009；刘祥琪 等，2012；Bao and Peng，2016）。随着城镇化进程的不断推进，大量城郊或农村土地被征收或征用，农村集体土地隐形交易市场活跃。在土地被征收或征用以及集体土地入市过程中，如何对土地征收或征用进行合理补偿，如何有效保护农民的土地财产权，显然都与产权问题息息相关，事实上，造成当前问题的主要原因是土地产权界定不清。根据新制度经济学中的产权理论，土地资源的优化配置可以通过自由交易，即通过土地私有化和建立土地市场实现，但由于我国的社会主义性质，完全照搬新制度经济理论的产权理论、实行土地私有化可能会适得其反。

综上所述，将现代西方经济理论与马克思主义产权理论进行比较，有助于我国在土地制度改革过程中坚持马克思的产权理论，发挥西方经济理论中产权理论的有益之处。西方产权理论以“理性人”假设为基础，从微观角度考察产权问题，认为产权关系是个人财产的排他性占有，强调交易费用，注重市场机制的运行和产权的解释，这不仅为我国理论界研究相关问题提供了重要的理论参考，也有效补充了马克思主义产权理论在微观层面研究的不足（Williamson，1979；Greenwood and Hinings，1996；Tan et al.，2011）。此外，西方经济学产权理论采用“成本—收益”模型研究产权制度与经济增长之间的互动关系，不仅注重对实际案例的研究，还注重对宏观经济的研究，这些经验和方法为我国解决经济体制改革过程中的许多具体问题提供了切实可行的参考。总的来说，西方产权理论可以作为分析我国经济问题的工具，但由于西方产权理论是在否定公有制和社会调节、适应私有制和自由市场经济的基础上建立起来的，在应用西方产权理论时要注意其适用性和约束条件。马克思主义土地产权理论是在辩证唯物主义和历史唯物主义方法论的基础上，从大量客观经济事实中提炼出的科学理论，在产权研究中遵循“整体性、生产性、历史性、经济性”原则，包括土地产权制度及变迁、土地产权权能理论、土地产权的离合、土地产权的市场化及商品化等诸多内容。根据马克思主义土地产权理论，土地的终极所有权具有极为重要或关键的作用，而土地的其他权属（如使用权、收益权、处置权、垦拓权等）则是终极所有权在不同方面的实现。因此，我国土地制度的改革与创新要遵循稳中求进的总基调，从中国国情出发，坚持土地公有制不动摇，坚持马克思主义的科学理论，结合现代西方经济学产权理论优势和方法，完善现行土地产权制度，促进土地制度向着合理化、可持续的方向发展。

三、城乡统筹理论视野下的农民土地财产权理论

（一）城乡统筹理论

1. 西方学者关于城乡统筹理论研究

自工业革命以来，西欧资本主义的发展引起了生态危机、社会危机、

道德危机、精神危机和价值危机（Chambers，1984；Dammers and Keiner，2006）。20 世纪 50 年代以前，基于对当时社会经济发展中各种问题的深刻认识，关于城乡平衡发展的讨论形成了三种流派，分别是以圣西门（何清新，1962）、傅里叶（赵俊欣，2004）和欧文（1965）为代表的空想社会主义学说，以霍华德（2000）、刘易斯·芒福德（2005）为代表的西方早期城市理论，以及马克思主义的城乡发展观。马克思、恩格斯的城乡融合发展理论是沿着"城乡依存—城乡对立—城乡融合"的历史发展脉络演进的，并指出城乡对立的消灭并不是一蹴而就的，达到城乡融合需要一个漫长的社会历史过程。

随着社会主义由理论走向实践的成功，列宁、斯大林继承并逐步发展了马克思、恩格斯的城乡融合发展理论，并结合苏联的实践提出了新的城乡结合理论。20 世纪 50—70 年代，对二元经济结构理论片面理解和不平衡发展问题的认识，催生了两类典型的偏向论：城市偏向论（以乔根森模型和托达罗模型以及城乡空间极化发展理论模型为主）和乡村偏向论（以弗里德曼和道格拉斯为主）（托达罗，1988；王华、陈烈，2006）。但发展实践证明，短期的偏向可能在某些方面"效率"明显。从长远和整体来看，城市与乡村二者的统筹、协调发展才是最终目标（刘荣增，2008）。自此，一些学者开始重新审视城乡联系，先后出现了具乡村偏向的自下而上发展的施特尔和泰勒的"选择性空间封闭"发展理论、具城市偏向的自上而下的朗迪勒里的"次级城市战略"（Obudho，1986），以及主张城乡融合发展的岸根卓郎的"城乡融合系统"（岸根卓郎，1990）、昂温和波特的"城乡联系与流"思想（Miles-Doan and Kelly，1995）等。随着新全球经济浪潮、网络社会的崛起和科技的飞速发展，催生了新的城乡发展观——区域网络战略（Douglass，2018）和城乡相互作用理论（Conway and McCracken，1990；薛德升 等，1998；Tacoli，2003）。进入 21 世纪，发展中国家的城乡持续发展问题日渐成为全球面临的一大挑战（Deininger，2003），新的发展理论更加关注"网络"和"流"、城乡间的"联系"和"流"的相互作用理论探讨。塞西莉亚·塔科里和大卫·塞特思威关注现代经济、社会与文化变化对城乡相互作用的影响途径，并构建了积极的和消极的"城乡相互作用与区域发展”关联模式（Tacoli，2003）。Lynch（2004）在发展理论背景下，详尽论述了发展中国家城乡相互作用研究的进展，提出了“城乡动力学”（rural-urban dynamics）的概念，并建议从“生计战略”和“资源分配”角度揭示城乡联系的复杂性。

从整体上看，城乡研究的演变从20世纪50年代前期的朴素城乡整体发展观到后来的城乡分割发展观，再到80年代以来注重城乡联系的城乡融合发展观，每个时期产生的学派及其理论都基于一个更广泛的假设：平等和均衡发展，并将其贯穿整个地域。上述研究主要是在早期西方世界和第三世界国家（如非洲、拉丁美洲和亚洲等）开展的，大多是从宏观的、自上而下的角度进行的，仅针对中国的研究较少。因此，得出的结论是否适合中国，还有待经验研究的佐证。根据西方已有的理论，鉴于我国长期存在的城乡对立及其不良后果，需要从“城乡相互作用”“流”等新视角对城乡协调发展进行理论探索和实证研究，尤其应从微观层面开展研究，且重点关注农村、农民。

2. 国内学者关于城乡统筹理论研究

统筹城乡、协调发展的理念源于我国典型的城乡二元结构。中国自计划经济时期就存在的城乡二元结构，造成了城乡之间难以逾越的制度鸿沟和壁垒，形成了包括土地制度、户籍制度、社会保障制度、教育制度、就业制度、行政管理制度、财政管理制度、设区市法律制度等城乡分割的制度约束链条，导致城乡之间的不平等日益加剧。在城乡发展研究中，国内学者相继提出了城乡协调、城乡一体化、城乡融合、乡村城市化、自下而上城市化等概念，这些概念的核心思想是将城市和乡村纳入统一的社会经济发展体系，改变城乡分割局面，建立新型城乡关系，从而完善城乡功能和结构，实现城乡生产要素的合理配置，逐步打破城乡二元结构。

我国学者围绕城乡统筹发展问题、发展目标、动力机制、发展模式、限制因素、措施对策等方面进行了系统的归纳（陈锡文，2003；夏安桃等，2003；仇保兴，2004；韩俊，2004；杨翠迎，2004；傅崇兰，2005；陈鸿彬，2007；罗兴奇、孙菲，2016；邹一南，2020）。林光彬（2004）认为，我国城乡收入差距扩大的根本原因是社会等级秩序格局、失衡的财富与收入分配格局、资源的流动性障碍格局与市场等级化格局等一系列社会安排的相互作用，要实现城乡统筹、缩小城乡居民收入差距，就必须实现城乡等级法权地位平等化、收入分配格局平衡化、农村资源充分流动化与市场一体化。陈钊和陆铭（2008）认为，城乡分割政策最基本的直接制度背景是城市单方面拥有城乡政策的决定权。大多数学者指出，城乡协调发展的动力因素有两种最基本的模式：自上而下型和自下而上型，随着改革开放和城乡发展，其动力和模式也发生了许多变化。夏安桃等（2003）认为，在城乡发展过程中，城市建设的组织主体和投资主体都发生了变化，组织主体由自上型一元模式转变为自上型、自下型二元模式；投资主体除了自上型的政府投资和自下型的乡村基层集体和个体投资外，另有吸引外资的“外联型”和吸引内资的“内联型”。从全国范围来看，不同地区的城乡协调发展模式存在显著差异，如大城市和特大城市周围的扩展型模式、农村地域的集聚型模式、外资引起的外向型模式、西部模式以及“特色小镇”等（夏安桃 等，2003；仇保兴，2004；陈鸿彬，2007；罗兴奇、孙菲，2016；卫龙宝、史新杰，2016；陆铭，2021）。此外，不同城市乡镇结合自身特点，创造出诸如“东莞模式”“中山模式”“顺德模式”“南海模式”“苏南模式”“温州模式”“宝鸡模式”等极具地方特色的发展模式（洪银兴、陈宝敏，2001；张敏、顾朝林，2002；夏安桃 等，2003）。关于统筹城乡发展的制约因素，学者们一致认为城乡二元结构是导致统筹城乡发展困难的根源。有的学者从宏观角度探讨了城乡统筹困难的原因，包括合理规划和完善城乡规划；有的学者从微观角度研究了城乡统筹困难的原因，涉及农村、农业和农民。此外，许多学者还从制度创新、产业协调、深化镇村企业发展、完善基础设施、加强生态环境保护、建立一体化信息网络等不同角度积极探索缩小城乡发展差距的措施和对策，进而为消除城乡分离提供政策建议（夏安桃等，2003；杨翠迎，2004；张伟，2005；刘彦随 等，2009；罗兴奇、孙菲，2016）。

尽管城乡统筹发展研究已成为国内研究的重点，涉及经济社会发展的方方面面，但由于城乡一体化发展是一个动态的过程，其内涵和目标在经济发展的不同阶段都会发生变化，因此尚未建立起完整的城乡一体化发展研究体系，措施和对策的实用价值与操作性还有待提高。我国政府在继承马克思主义城乡关系理论的基础上进行了实践和理论创新，提出了许多关于城乡关系的新理念、新思路（陈燕，2011）。党的十六大报告首次明确提出“统筹城乡发展”思想，将农村改革和城市改革紧密结合起来，把农村改革推向城乡经济社会协调发展的新阶段。2003 年 10 月，党的十六届三中全会在统筹发展思想上有了进一步的拓展，提出“五个统筹”——统筹城乡发展、统筹经济社会发展、统筹人与自然和谐发展、统筹国内发展和对外开放，其中统筹城乡发展排在首位。2008 年，党的十七届三中全会通过的《中共中央关于推进农村改革发展若干重大问题的决定》明确提出要逐步建立城乡统一的建设用地市场。2010 年中央一号文件《中共中央国务院关于加大统筹城乡发展力度进一步夯实农业农村发展基础的若干意见》再次强调把统筹城乡发展作为全面建设小康社会的根本要求，明确要求稳定和完善农村基本经营制度以及有序推进农村土地管理制度改革的明确要求。党的十八大提出，城乡发展一体化是解决“三农”问题的根本途径。要加大统筹城乡发展一体化力度，增强农村发展活力，逐步缩小城乡差距，促进城乡共同繁荣。党的十八届三中全会进一步指出，城乡二元结构是制约城乡发展一体化的主要障碍，强调要让广大农民平等参与现代化进程、共同分享现代化成果，赋予他们更多财产权利。在城乡一体化的总体构想中，农地流转无疑是最为核心的环节，因此，党的十八届五中全会和 2016 年中央一号文件都强调，要维护进城落户农民土地承包权、宅基地使用权、集体收益分配权，支持引导其依法自愿有偿转让上述权益。可以看出，国家对农村集体建设用地使用权流转的立法管制逐步放开，集体建设用地使用权的主体范围不断拓宽，这为推进保护区集体建设用地使用权流转指明了方向。然而，由于缺乏完善的集体建设用地流转制度，地方政府难以采取具体行动。

马克思主义城乡融合发展思想对我国城乡统筹发展和土地制度改革具有重要的方法论意义。体制变革和制度创新是实现城乡真正开放、互动与融合的关键，我国“三农”问题的根源不是农村发展滞后，也不是仅靠有限的政策调整就能解决的，从根本上可以归结为体制问题。城乡分割的二元体制已成为制约农村发展和农民增收的主要障碍，阻碍了经济增长由外需拉动向内需拉动的转变。当前，我国城乡土地资源配置矛盾尚未调和，二元土地制度严重损害了农民利益，基于此，统筹城乡发展必须充分发挥市场机制在土地资源配置中的决定性作用，创新统筹城乡土地资源配置方式，妥善解决城郊农民、进城务工农民和留守农民的生存与发展问题。

（二）城乡统筹理论下的农民土地财产权

我国的特殊国情和特定历史发展阶段的制约，加之外部制度规则的缺失和长期以来对农民土地使用权的限制，导致城乡收入差距不断扩大。随着城乡一体化的推进，城乡二元土地制度背景下的农村土地问题逐渐凸显，成为研究者和政府机构关注的焦点。生产要素在城乡之间的自由流动是城乡统筹发展的基础，在市场经济条件下，土地、资本等生产要素都是与财产相联系的商品，而土地作为农村和农民最基本、最重要的资源与资产，在现行法律框架下属于集体财产，不能交易和转让。在此背景下，如何充分保护农民的土地财产权，提高农民的财产性收入，进而缩小城乡差距，也是我国理论界一直在探索的问题。

向前（2009）通过对重庆市政府农村土地流转模式中存在的土地流转行为不规范、政府在土地流转中的行为不当、流转机制不完善等问题进行综合分析发现，这些问题产生的根源在于该市的土地二元结构体制，即土地承包经营权性质不明确、土地征收或征用补偿过低、农民利益受损、农用地流转缺乏中介组织、失地农民缺乏应有的社会保障等。再加上大量耕地流失、人口迁移、闲置土地建房浪费、政府征地等，进一步加剧了农民权益受损和失地农民的生活问题。然而，我国的农村土地问题并不仅限于土地本身，也涉及社会问题、政治问题和制度问题。在城乡统筹进程中，通过制度改革解决农村土地问题，促进城乡统筹，已是学术界的共识（田光明、曲福田，2010；Bao et al.，2016）。高洁等（2009）认为，现阶段农村产权制度改革已成为深化城乡统筹发展的突破口，农村产权制度改革的目的是界定国家、集体和个人在农村土地权利上的边界与责任，为产权交易和降低交易成本创造条件。韩俊（1999）、黄海（2005）等认为，将土地承包权物权化、土地使用权扩大化和土地财产权分割化，明确承认农民的土地财产权并予以严格的法律保护，有利于发挥土地社会保障功能，促进农用地的市场化流转。同时，在坚持家庭联产承包责任制的条件下，落实国家和农民的财产权益，鼓励农民增加对土地的长期投入，促进农村经济长期健康发展。如果不允许农村土地财产权平等地进入市场，其他利益集团就会利用农村土地财产权权能的缺失攫取农民的利益，从而减少农民的财产性收入，损害其生存权和发展权。此外，诸多学者认为应激活农村集体建设用地使用权市场，实现城乡土地市场一体化，这是确保农民享有更多土地财产权、缩小城乡发展差距的必要改革（Tan et al.，2011）。郑妮（2009）指出，在不改变现有土地所有性质的前提下，实行农村宅基地有偿使用，建立城乡统一的住房产权登记制度和管理制度，允许农村住房在交纳土地出让金的基础上自由流转，将有助于促进城乡土地市场一体化发展。

近年来，中央和地方政府也开始推进集体建设用地入市与征地制度改革、城乡建设用地增减挂钩、存量建设用地再开发等工作，确定了33个试点县（市、区）作为实施征地制度改革、农村集体建设用地入市和农村宅基地制度改革（俗称“三块地”改革）的试点地区。近期，国家启动了集体建设用地建设租赁住房以及租购同权试点，这是1998年房改的延续，其主要意义在于从租赁市场入手，逾越了城乡土地二元结构这一鸿沟，开始向城乡发展一体化迈进，该试点对于推进城镇化、缩小城乡贫富差距意义深远。蔡继明（2015）认为，“城乡统一的建设用地市场”是指城乡统一的经营性建设用地市场，农村集体经营性建设用地（包括非自住性宅基地）应与城镇国有建设用地同等入市、同权同价。冯淑怡等（2021）建议尽快调整试点方案，将“三块地”相互割裂的改革试点调整为“三位一体”城乡互动的改革试点，把缩小征地范围与集体土地入市结合起来。

综上所述，城乡一体化研究在理论和实证分析上相对成熟，虽然现有文献对我国城镇化发展的概念，特别是对土地制度演变、土地流转及农民土地权益分配问题进行了探讨，但以往的研究大多没有跳出农村、农业和农民的视角，而是在城乡脱节的假设前提下进行的，缺乏全面的理论和实证分析框架，往往忽视了在我国快速城镇化进程中促进农用地和宅基地流转问题的复杂性、各方面问题的相互关联性以及相关改革对解决这些问题的重大意义。近年来，学者们开始关注城乡二元结构和城乡发展协调等问题，认为土地二元结构问题是影响城乡协调发展的重要因素，只有完善农村土地改革、健全土地征用制度和收益分配制度，才能确保农民的土地财产权不受侵犯，切实提高农民收入和生活水平，最终实现城乡一体化发展的目标。

第二章

农民土地财产权制度改革的地方实践

第一节　征地制改革中农民土地财产权的实践经验

一、杭州市余杭区村级留用地开发创新

（一）区域概况

杭州市余杭区位于浙江省北部，地处杭嘉湖平原和京杭大运河的南端，是长江三角洲的圆心地，历来有“丝绸之府”“鱼米之乡”“花果之地”“文化之邦”的美誉。2001 年撤市设区，成为杭州八城区之一，以东、北、西三面拱围杭州老城区，总面积 942 平方千米，辖 5 个镇 7 个街道，截至 2023 年末，全区常住人口 140.5 万人。作为杭州的一个新区，余杭的地理优势和区位优势非常明显。近年来，余杭区城市化和工业化突飞猛进，用地量急剧增加，再加上三面环杭的特殊地理位置，外地进杭的铁路、公路和省市的重点项目用地量也很大，如沪杭高铁、杭长高速、西溪湿地三期等。在各种社会矛盾的错综交织下，征地拆迁工作难度越来越大，逐渐变成阻碍项目进行的“绊脚石”。余杭区的被征地村级集体经济组织在征迁工作全面推进的大背景下，获得了大量货币资金的同时，也产生了经营性资产的征迁造成村级集体经营性收入骤然下滑，甚至出现了“返贫”现象。

据统计，1998 年底，余杭区有耕地的行政村（社区）共计 264 个。目前，余杭区符合现行村级留用地申请条件的有 104 个村（社区）。截至

2012年10月底，共核拨项目65个，涉及村66个，面积为1173.374亩①，其中已办理农转用822.806亩，已实施项目共36个，面积为594.755亩；正在实施项目13个，面积为228.051亩；未实施项目共16个，面积为350.568亩。

（二）主要做法

当前，余杭区留用地处在创新发展阶段。在这一特殊阶段，坚持留用地政策“操作市场化、政策利民化”的原则，以创新思维破解留用地发展难题，以创新视野开阔留用地发展空间，以创新理念开创留用地发展局面。

1. 普惠民生，降低申请门槛

符合村级留用地申请条件的村现有104个，为使更多村庄能享受到留用地政策，《关于加强我区村级集体组织留用地管理的实施意见（试行）》提出了两种预支办法。一是被征收耕地在10%~20%的村可预支1/3的额度，被征收耕地在20%~30%的村可预支2/3的额度。经测算，余杭区有50个村可提前享受留地，合计面积1103亩。二是暂不符合村级留用地申请条件的村（社区），如能新开发引进一个相对连片集中1000亩以上的现代农业园区项目，经农业农村、自然资源部门审核确认并报经区政府同意后，可以申请预支5亩留用地额度，建造商业物业用于发展村级集体经济，或参与合作为现代农业园区提供物业配套，解决园区用地需求。预计20余个农业村可提前享受留用地，余杭区可享受村级留用地的村将达到170个左右，惠及面增加了63%。

2. 因地制宜，创新开发模式

《关于加强我区村级集体组织留用地管理的实施意见（试行）》明确了自主开发、合作开发和货币化三种开发模式，但总体实施效果不尽如人意。经调查分析有以下原因：自主开发资金要求高，很多村无法承受；有些村担心货币化后自己的利益受损，出让金返还后再去买营业房，有一部

① 1亩≈666.67平方米。

分利润被开发商拿走了；当时主推的合作开发模式由于村民对自身管理能力信心不足、图省事等，在实际操作中存在“两张皮”现象，即为了满足政策要求，村名义上持股51%，私下和合作方再签协议减少持股。殊不知这样做最终损害的还是村子的利益，今后可能引发纠纷。为完善留用地政策，经充分调研论证，该文件提出了两种契合余杭区实际的模式。

（1）“土地换房产”。改变传统招拍挂方式，在留用地招拍挂中固定地价（由做地费用和规费组成），返还房产起始面积原则上不低于总建筑面积的20%，以无偿返还村（社区）房产面积为标的，返还面积最高者为土地竞得人。竞得人可以独立开发物业，但必须无偿返还一定面积的商业物业给村（社区）。这种纯市场化的操作模式既可以避免合作开发模式中的“两张皮”现象，最大化保留用地价值，还可以减少廉政风险。

（2）“房产折额度”。“无地有额度”或“缺资金”的村（社区），根据实际情况，可向所在镇、街道、开发区提出申请，将产权属于所在镇、街道、开发区的非住宅用房折抵留用地额度。这一举措是对留用地出让的创新，具有余杭特色。余杭区大力推进农户搬迁入住多高层政策后，建了很多农民安置小区。小区建成后，周围有一圈营业房，镇街愿意出让这些房产，村（社区）也愿意接受，但产权过渡是个问题。“房产折额度”为此搭建了桥梁，达到“双赢”的效果。村使用了留用地额度，得到了房产，镇街也减轻了用地压力。

3. 量身定制，解决资金问题

资金缺乏是村级留用地落地难的重要原因。由于长期形成的习惯，余杭区普遍存在征地补偿费分到户的现象，村级少有积累，而村级留用地建成收效过程中需要大量资金，很多村因此力不从心。为此，余杭区人民政府办公室印发的《关于进一步规范我区村级留用地管理工作的实施意见》（余政发〔2020〕19号）提供了多种开发模式以供选择，各村可结合实际自主决定。

（1）资金实力强的可选自主开发。自主开发可协议出让，没有竞争，产权全归村所有，但需大量资金垫付用于支付土地出让金。采取协议出让方式供地的自主开发留用地项目，土地出让金可“分期缴纳、分期拨付”。

（2）资金实力一般的可选合作开发。合作开发可定向招拍挂，在村控股的前提下，村可根据自身实力释出49%以下的股权用于合作。要求控股主要是便于村抓住决策权，减少房屋析产、出租等方面的风险。

（3）资金实力差或不愿出资的可选货币化、“土地换房产”或“房产折额度”。

（三）取得的成效

截至2022年3月，余杭区村级留用地总面积为2800余亩，盘活村级留用地是余杭区壮大村级集体经济，助力实现共同富裕的重要途径。余杭区发布村级留用地管理工作政策，因地制宜推出了额度换房产、自主开发、合作开发、额度货币化回购多元安置模式，各做地主体可结合实际选择不同模式进行留用地安置。

据初步统计，2018年，余杭区村级集体经济总收入达到12.34亿元，经营性收入8.02亿元，村均306万元。对此，余杭区打出消除集体经济薄弱村的“重拳”：出台实施《集体经济集中消薄方案》，开展全区村级集体经济薄弱村集中消薄行动，由余杭区政府统一协调成立一个集体经济发展团，抱团发展壮大集体经济，由各集体经济薄弱村利用各自的村级留用地指标统一置换房产获得出租收益。集体经济集中消薄行动，根据各地的实际情况，选取了发展相对困难的65个村。各薄弱村将利用村级留用地指标置换五常西溪北苑空置房源，置换后的房产统一交由余杭区公共租赁住房投资管理有限公司代为持有，并负责管理运营，借此盘活薄弱村的现有资产。据统计，65个村共拿出288亩留用地指标，置换房产面积57567平方米，合计房屋406套，从2019年开始收取租金。预计全年65个村能收到出租金2000余万元，届时各村年经营性收入都能达到或超过70万元。

2023年2月28日，余杭区余杭街道沈家店村的一宗38亩的村级留用地项目由余杭街道永安、下陡门等8村经济合作社联合竞得。这是余杭区发布村级留用地新政后首宗按“合作开发”模式出让的村级留用地项目。该项目建设周期为3年，计划打造计容面积约6万平方米的综合体，建成后9个村每村可获得1亿元固定资产（包括建筑、设施、设备等长期使用并产生价值的资产）和300万元/年现金流收入。

余杭区将继续探索村级集体经济发展壮大的途径，根据各地实际，因地制宜，逐宗施策，助力村级集体开发留用地项目，促进村级集体经济持续健康发展。以“一镇一街一方案”的模式，通过新建、改建创新型用地的工业楼宇、购买商业楼宇，开发特许经营、综合体类项目等途径，进一步盘活村级存量资源，助力乡村振兴。

（四）小结

村级集体所有地随着城市化进程的推进将不断被征收，失地农民越来越多。这些农民失去赖以生存的土地后，生活保障问题随之而来。因此，通过开发利用最少的土地获取最大收益，保障被征地农民获得长期、稳定收入是切实贯彻留用地政策的具体体现。余杭区村级留用土地涉及范围广，数量多。村级集体留用地开发利用方式主要有村级集体经济组织自主开发，村民入股共同开发，村和开发商合作开发，货币化、“土地换房产”或“房产折额度”模式开发等。通过各种途径开发利用村级留用地在一定程度上壮大了村级集体经济。10%村级留用地的出现，将“寸土”变“寸金”，催生出杭州方寸土地间的无限想象力。

二、绍兴市失地农民的土地财产权保障

（一）区域概况

2003年3月，浙江省绍兴市政府印发了《绍兴市区被征地农民养老保障暂行办法》（绍政发〔2003〕26号），经过近半年的努力，建立市区被征地农民的养老保障制度工作已全面推开，并取得了阶段性成果。据统计，截至2003年8月底，总参保申报人数达58731人，经审批核准参保缴费人数57893人，参保率占应保可保人员的78%，其中，已有15962人按规定按月从银行领取被征地农民养老金，占总参保缴费人数的27.6%。实践证明，市区被征地农民养老保障制度的建立，对维护失地农民的利益，健全、完善社会保障体系，推进城市化建设进程，进一步维护社会稳定发

挥了重要作用。

（二）主要做法

一是确定养老保障范围和对象。绍兴市区（包括越城区、绍兴经济开发区、袍江工业区和镜湖新区）两类养老保障对象为：一类是市区土地被征用并已农转非人员，另一类是在城中村改造中已办理农转非村民。但上述对象中已参加城镇职工养老保险，且投保年限已符合可按月享受城镇企业职工基本养老保险待遇的；已按市政府规定按月领取农民生活费和已按照规定享受生活困难补助费的遗属、精简职工不列入参保对象。

二是确定缴费标准。缴费标准分 A、B、C 三档：A 档 2000 元、B 档 9000 元、C 档 18000 元。被征地农民在参保时可选择其中一档，一经选定，不再变动。

三是确定享受条件和待遇。享受条件：参保的被征地农民男年满 60 周岁、女年满 55 周岁时，可按月享受养老保障待遇，其中，对参保缴费时男年满 60 周岁及以上、女年满 55 周岁及以上的，当月办理参保缴费，次月起享受养老待遇。享受待遇对应缴费标准：A 档 100 元/月、B 档 150 元/月、C 档 200 元/月。

四是资金筹措和管理。①被征地农民养老保障资金一般由参保人员个人、所在村和政府共同出资筹集。所筹集的资金及利息收入全部纳入被征地农民养老保障基金。基金实行专户储存、专项管理、专款专用，任何单位和个人不得移作他用。②参保的被征地农民，所在村可视经济能力为其缴纳一定额度的养老保障费，具体比例由各村自行决定，资金从土地征用补偿费用和村集体经济积累中列支。③政府出资的被征地农民养老保障资金由政府通过国有土地出让收入及财政安排专项经费等筹措。根据测算，人均寿命如按 75 岁计算，政府最终将为每个参保者补贴 18000 元左右。④被征地农民的养老保障费由绍兴市社保局负责收缴、管理及保值增值，纳入财政专户存储，接受绍兴市财政和审计部门的监督。另外，被征地农民养老保障基金不计征税、费。

五是个人账户管理。①被征地农民参保缴费后，由市社会保险经办机构发给《被征地农民养老保障手册》并按照居民身份证号码，为每个参保人员建立终身不变的养老保障个人账户。②被征地农民的养老保障个人账户金由个人及村缴纳的养老保障费组成。个人账户金按银行同期年利率计息，其中，当年缴纳的养老保障费按银行同期活期利率计息。③被征地农民按月享受的养老金按下列先后顺序支付：个人账户金，政府补助金。④被征地农民的个人账户金无特殊情况不得提前退还。⑤被征地农民死亡时，其个人账户金（或余额）可依法继承。

六是与其他社会保险的关系。①参加被征地农民养老保障的人员在绍兴市区各类企业就业的，企业及个人必须按规定缴纳城镇企业职工基本养老保险费。②被征地农民符合城镇自由职业者参保条件的，允许按城镇自由职业者的身份参加城镇企业职工基本养老保险。③被征地农民既参加城镇企业职工基本养老保险，又参加被征地农民养老保障的，到达法定退休年龄按规定享受养老待遇时，其养老待遇按照“自愿选择、单项享受”的原则确定。选择城镇企业职工基本养老保险待遇的，退还其被征地农民养老保障个人账户金；选择被征地农民养老保障待遇的，退还其城镇职工基本养老保险个人账户金。④已参加农村社会养老保险的被征地农民，按本办法参保后，可按农村社会养老保险规定退还原缴纳的农村社会养老保险费，同时终止农村社会养老保险关系。⑤已参加绍兴市区知青养老保险的被征地农民，按本办法参保后，其原知青养老保险关系仍可予保留，但知青养老保险待遇封定在市政府规定的标准（621元/季度）。

（三）取得的成效

一是政策明朗。养老保障对象和范围、缴费标准、享受待遇各项规定简单明了，被征地农民容易理解和掌握。

二是范围容易界定。参保对象不受年龄、时间和征地先后的限制，只要符合条件就可以参保。

三是缴费标准和享受待遇多档次，参保人员可根据各自的承受能力，因人而异，灵活选择。

四是操作简便。参保程序、资金管理、个人账户管理和待遇享受及发放均简便易行，保障被征地农民按规定缴费、享受养老保障金待遇。

五是财政能够承受。在全市范围内建立起被征地农民的养老保障制度。随着经济社会的不断发展，绍兴市逐步在更大范围内建立和健全被征地农民的养老保障制度，使全市30多万名失地农民的利益获得制度上的保障。

（四）小结

绍兴市为保障失地农民的土地财产权，建立了市区被征地农民的养老保障制度，该制度明确了养老保障的范围和对象，包括市区土地被征用并已农转非的人员和城中村改造中已办理农转非的村民。缴费标准分为多个档次，被征地农民可自行选择一档，达到一定年龄的参保被征地农民可按月享受养老保障待遇，待遇金额与缴费档次相对应。被征地农民养老保障资金由参保个人、所在村和政府共同出资筹集，实行专户储存、专项管理、专款专用。同时，绍兴市为每个参保人员建立了一个终身不变的养老保障个人账户。该制度的实施取得了一定成效，政策明朗，范围容易界定，缴费标准和享受待遇多档次，操作简便，财政能够承受。随着经济社会的发展，绍兴市逐步在更大范围内建立和健全了被征地农民的养老保障制度，为全市失地农民的利益提供制度上的保障。

三、嘉兴市“两分两换”中农民土地财产权保障

（一）区域概况

嘉兴市位于浙江省东北部、长江三角洲杭嘉湖平原腹心地带，是长江三角洲重要城市之一。该城市位于江、海、湖、河交汇处，扼太湖南走廊之咽喉，距离上海、杭州均为90千米，距离苏州70千米，区位优势明显，尤以在人间天堂苏杭之间著称。市境陆域东西长92千米，南北宽76千米，陆地面积3915平方千米，其中平原面积3477平方千米、水面面积328平方千米、丘陵山地面积40平方千米，市境海域面积4650平方千米。截至2015年12月30日，嘉兴市下辖2个市辖区（南湖区、秀洲区）、3个县级市（海宁市、平湖市、桐乡市）、2个县（嘉善县、海盐县），共有44个镇，29个街道（涉农街道22个），246个城市社区，115个城镇社区，809

个行政村。

对于嘉兴市来说，在不碰触耕地红线的情况下，如何解决城市发展带来的用地指标紧张问题、如何平衡城乡土地需求是当前的工作重心。国家在2019年修正的《中华人民共和国土地管理法》中还确定了一项耕地保护的基本制度，就是土地增减指标挂钩，按照“占多少，垦多少”的原则，建设单位必须补充相应的耕地，以保证耕地不减少，做到“占补平衡”。利用好这个原则是突破土地瓶颈的关键。占用耕地后拿什么作为补偿呢？众所周知，嘉兴市地处平原地带，境内多为平地，少丘陵和山坡，可供新开发成为耕地的土地资源极少，唯一可以利用的后备土地资源就是滩涂。沿海（江）的平湖、海盐、海宁三县（市）有较为丰富的海涂资源。据浙江省海岸带联合考察调查资料，从岸线至理论基准面面积为22734公顷（其中，海宁市15106公顷、海盐县6102公顷、平湖市1526公顷），但是如何解决好淡水、电力、交通、投资等有关问题，尤其是资金投入是决定围涂造地面积大小的关键因素。据测算，改造一亩滩涂地的成本需要220万元，显然代价太大。而且可供开发的滩涂均在杭州湾入海口处，填海造地容易引发生态灾难，所以只能考虑城乡之间的“内部挖潜”。

2008年，作为浙江省统筹城乡综合配套改革试点，嘉兴市实施以“两分两换”为契机的农村土地整治模式，该模式被概括为共识在先，机制保障，政策推动，以城乡统筹发展为战略目标，以“两转”（转变生产方式、转换生活方式）为工作目标，以“两分两换”为特点，形成“一”（农村用地制度改革）进“十改”（土地使用制度、就业、社保、户籍、居民管理、涉农体制、村镇建设、农村金融、公共服务和规划统筹）联动的新格局。

（二）主要做法

所谓“两分两换”，就是按照“土地节约集约有增量，农民安居乐业有保障”的要求，以“农业生产经营集约、农村人口要素集聚，提高农民生活水平和生活质量”为目的，将宅基地与承包地分开，搬迁与土地流转分开；以承包地换股换租、换保障，推进集约经营，转换生产方式。以宅基地换钱、换房、换地方，推进集中居住，转换生活方式。

1. 用宅基地换购城镇住房

在自愿、有偿的前提下，鼓励农民放弃宅基地，到城镇购置商品房或置换拆迁安置房，或者引导农民到规划的农村新社区或者中心村集中建房。在实际执行过程中，可以有下列三种模式。

模式一：放弃宅基地购置商品房。对于放弃宅基地进入城镇购买商品房的农户，政府按照原始房屋的建筑面积、家庭人口等直接给予农民相应的货币补偿，不再另行安排安置房和宅基地。农民入住城镇后，继续享有除申请宅基地以外的原居住地村集体经济组织权益。此举能很好地集约利用土地，减少二次搬迁，政府十分提倡农民首选这一宅基地置换模式。

模式二：宅基地置换安置房。农户在城镇规划控制区、规划的中心村置换安置房的，政府按照原始房屋的建筑面积、家庭人口等给予农民相应的货币补偿，并由政府统一规划建好住房后，根据楼层、朝向、面积等不同情况按不同的价格置换给农户。农户置换安置房后不再享有申请使用宅基地的权利，但是还可以享受原住地集体的其他权益。

模式三：宅基地异地置换。对于距离城镇较远的农户，可选择在规划的农村新社区或中心村范围内，由政府统一规划并提供标准图纸，由农民自建或联建。但是农民自建的方式比前两种模式要耗费更多的土地，从节约土地的角度来说不宜广泛推广，只是比较适合有一定经济能力并且不愿采用前两种模式的农户。

2. 用土地承包经营权置换社会保障

传统的土地流转方式有转包、租赁、入股等，“两分两换”提出的以土地承包经营权置换社会保障是一种特定的流转方式。在坚持自愿、有偿的前提下，鼓励农民采用转包、转租、入股、置换社会保障等方式流转土地承包经营权，可以有下列两种模式。

模式一：对于转包、转租承包地的农户，以年租金形式将承包地租给村集体经济组织或者农业企业经营，达到一定年龄的农民可以获得生活补助。

模式二：对于愿意永久放弃土地承包经营权的农户，政府参照被征地农民的标准办理社会保障，并提供就业扶持。但是，土地承包经营权和社会保障不能重复享受。对已进城工作并参加城镇职工养老保险，但仍有承包地的农户，采取给予一次性货币补偿的方式置换土地承包经营权。

“两分两换”既可以是“两分一换”，也可以是“一分一换”；“换”与“分”既可以同时进行，也可以灵活拆开进行，如有农户出让宅基地，但是可以保留土地承包经营权；反之也可以。这就有足够的自由度来处理各种具体情况，显示出了此项政策的灵活性和创造性，也为在实际工作过程中提出解决方案提供了逻辑基础。

（三）取得的成效

目前，嘉兴市正在开展以“两分两换”为契机的农村土地综合整治示范区建设工作，进一步提出了以“1+X”（“1”指在每个乡镇建设一个新市镇镇区，“X”指在新市镇镇区之外建若干个中心村或农村新社区）为基本空间布局模式的“两新”（新市镇、新社区）工程。嘉兴市已基本完成示范区的规划设计工作，部分示范区已开始实施。嘉兴市通过“两分两换”农村土地综合整治模式以宅基地置换城镇房产解决农民的“安居”问题，以土地承包经营权置换社会保障解决农民的保障问题，以置换空间发展二三产业解决农民的“乐业”问题，促进土地的规模集约经营，提高土地的产出率，改善农民的居住环境，提高农民的生活质量，从根本上破除城乡二元体制，破解“三农”难题。通过政策引导、财政扶持，开展“两分两换”工作，将有助于耕地的保护、土地的集约节约利用、农业现代化进程的推进、农民财政性收入的提高和农村的长期繁荣稳定。

自2008年5月嘉兴市开展“两分两换”工作以来，各试点镇（街道）积极推进落实。截至2010年8月底，在597.48平方千米的试点范围内，已签约换房（或搬迁）农户达到18697户，完成农房拆迁14644户，共流转土地承包经营权9万亩。以平均每户节约0.6亩宅基地计算，试点区域内将复耕土地1万多亩。“两分两换”试点工作已经成为新农村建设一个新的有效载体，各地在试点推进中，以新市镇为依托，开展了区域建设用地、生产力和人口布局的优化调整，既加快了要素向新市镇集聚的进程，也拓展了市镇、工业功能区和现代农业的发展空间。当前，各试点村镇已把当地新农村建设的重点逐步引导到农民市民化、社区城镇化、城乡三次产业融合互动、城乡经济社会转型升级等方面，较好地实现了新农村建设的内涵拓展和层次提升。

农户生产生活环境和质量也有了较大改善。过去，农村居住点分散，各项城市基础设施和公共服务很难覆盖到位。如今，农民新村的供水、供电、供气、排污、有线电视、宽带网络等设施与城市一体化布局，教育、科技、文化、卫生、体育等设施得到进一步完善。所有试点镇在开展“两分两换”工作的同时，把现代新市镇建设与“两分两换”工作有机结合起来。新一轮的村镇建设规划按照现代城市、现代家园、现代市民的标准要求，着眼于社会长远发展，进行严格的功能区分，如七星镇在“两分两换”工作中采取整拆整建的方式，新村镇规划将整个规划区域分为新型市镇区、休闲度假区、东郊生态林区、生活配套区、现代农业与服务业融合发展区五大功能区块，农民的生产生活环境和质量有了很大改善。

（四）小结

“两分两换”政策是嘉兴市在农村土地使用权制度改革中提出的一种制度创新，一经提出便在国内引起了强烈反响，成为国内开展农村土地使用权制度改革的一种重要范式。经过几年试点，该政策在实践中逐步完善并不断提高了其适应性和系统性。“两分两换”政策作为一种新模式，从其实质意义和长远眼光来看，正如政府当时期望的那样，政策能够在一定程度上打破土地对嘉兴市经济发展的限制，促进经济增长；有利于推进农业规模经营和现代高效生态农业建设，有利于节约集约利用土地，为新型工业化、城市化的推进开拓广阔空间；在理论意义上可以推进农村人口要素集聚，转变生活方式，推进农业生产经营集约，转变生产方式，推动城乡统筹发展，促进资金、劳动力等要素在城乡间的合理流动和有效配置，有利于改善农民生活条件，提高农民生活质量，为建设现代化新农村、加快形成城乡经济社会一体化新格局，率先基本实现现代化打实基础。

第二节　农村集体建设用地改革中农民土地财产权的实践经验

一、德清县集体经营性建设用地入市改革

（一）区域概况

德清县位于长三角腹地、浙江省北部，是杭州都市区的重要节点县。该县总面积936平方千米，辖8镇5街道，截至2022年底，户籍人口为44.3万人，常住人口为55.38万人。从首创科技创新“德清模式”到发展研究院经济，从“产学研”结合到“产学研用金、财政介美云”十联动，德清县始终坚持举改革旗、走创新路、打开放牌。目前，德清县承担省级以上改革试点144项，“三块地”改革五条创新举措被新修正的《中华人民共和国土地管理法》吸收，“标准地”“农业供给侧结构性改革”“新型城镇化综合试点”等改革经验在全省乃至全国复制推广。

德清县作为全国33个土地制度改革试点县之一，自试点工作开展以来，紧紧围绕顶层设计要求，确立了“建设一个统一市场、平衡两种权利、坚守四条底线”的改革路径，构建了“一办法、两意见、五规定、十范本”的政策体系。德清县在全国率先实现了入市第一宗、登记第一本、抵押第一单。截至2020年4月，德清县完成农村集体经营性建设用地入市234宗，面积1928.56亩，成交金额5.37亿元，征收调节金1.04亿元，农村集体收益4.33亿元。

（二）主要做法

德清县认真把握农村建设用地入市改革的核心环节，确定“谁来入市、哪些地入市、怎么入市、钱怎么分”，积极推进改革举措落地生根。

1. 农民和农民集体主体地位决定“谁来入市”

农村土地制度改革关系农民的切身利益，德清县在主体设置、程序规定上把参与权、选择权、决策权赋予农民和农民集体。

（1）明确入市主体。在全面完成集体土地所有权确权登记颁证的基础上，根据镇（街道）、村、组三类集体经济组织的不同形态和发育程度，结合不同区域，明确了三类入市主体，建立了“自主入市、委托入市、合作入市”三种实现形式。镇（街道）集体由乡镇资产经营公司等全资下属公司或其代理人实施入市，村集体由村股份经济合作社实施入市，村民小组可委托村股份经济合作社等代理人实施入市。鼓励偏远欠发达地区的集体经济组织与集中入市区块的集体经济组织合作，探索建立土地股份合作社，资源互补、共同入市、共享收益。

（2）落实主体资格。围绕“三权到人（户）、权跟人（户）走”的农村产权制度改革要求，德清县152个村经济合作社全面完成股改，成立了村股份经济合作社，对所有经营性资产折股量化到人、发证到户，33万农民成了股东。村股份经济合作社实行登记赋码、独立核算、自主经营、自负盈亏，是农村集体资产的管理主体，是一类特别法人。

（3）强化民主决策。为确保入市改革工作的透明度和公众参与度，德清县开展了农村土地民主管理“十村示范、百村共建”活动，将农村建设用地入市等事项纳入核心内容，建立“三会三公开”制度，特别是对入市前、中、后涉及的宗地情况、入市方式、交易形式、起始地价、合同条款、收益分配等重大事项全程公开、民主管理。建立农村土地民主管理专项考核机制，落实考核资金奖励民主管理成效突出村。

2. 多规合一确定“哪些地入市”

入市前从现状来看，存量农村建设用地布局散乱、利用粗放。为防止入市形成“村村冒烟、组组点火”的“低散乱”现象，在规划布局、产业门槛等方面把好准入关。

（1）全面调查，确定存量。根据卫星遥感影像图、土地利用现状图和历年土地利用数据库，结合图上作业、无人机航拍和实地勘测等手段，开展农村建设用地“一村一梳理，一地一梳理”清查，摸清存量底数。所有地块落实坐标、四至、权属，纳入国土资源“一张图”管理，每一宗地有唯一身份编码（相当于宗地号），并实行公开公示，让农民知情。

（2）多规合一，优化布局。结合全国“多规合一”试点工作，对照土地利用总体规划、城乡建设规划、产业发展规划和生态保护规划套合分析，分类确定入市途径。对符合“多规合一”要求的，确定了就地入市地块和面积；对不符合“多规合一”要求的，制定了农村建设用地异地调整规定，结合“三改一拆”“五水共治”等行动，纳入异地调整入市，促进产业集聚升级。全面开展土地利用规划编制与实施，合理布局农村生产、生活、生态空间，整体推进农村全域土地综合整治工作。同时，结合产业布局和块状经济特色，安排异地调整入市集中区块。

（3）产业准入，供需对接。结合德清县“标准地”管理改革，成立建设用地“议地会”，建立准入机制，强化入市项目的产业准入、环境评价、亩均投资、亩均税收等前期审核，提高入市项目质量，一批精品酒店、文化旅游、农产品加工等符合乡村振兴和农村发展实际的项目相继落地。同时，加强农村建设用地供需对接，采用国有建设用地“勾地”模式，实行异地调整“先预约、后复垦、再入市”，接受业主用地规模预约申请，实现“以需求定供给，有复垦必入市”。

3.“五统一”规范“怎么入市”

坚持市场配置资源的原则，通过“五统一”构建城乡统一的建设用地市场。

（1）搭建统一的交易平台。依托德清县公共资源交易中心，增加农村建设用地使用权交易项目，搭建城乡建设用地交易平台，将德清县农村建设用地与国有土地统一纳入平台交易，实行公告、交易、成交、公示等环节一体化管理。

（2）建立统一的地价体系。开展城乡统一地价体系研究，完成德清县城乡统一的建设用地基准地价和租金体系，制定农村建设用地出让地价管理规定和使用权出让地价评估方案，规范农村建设用地的地价评估规则，明确每个地块必须选择两家以上评估公司评估后才能确定入市底价。

（3）制定统一的交易规则。针对集体经济组织作为入市主体的特殊性和需求的多样性，实行与国有土地交易“大同小异”的规则要求，制定了农村建设用地出让管理规定，鼓励集体经济组织实施招拍挂的交易形式，已入市土地采用挂牌、拍卖方式交易的达 92.47%。发布了合同范本、入市决议范本等 10 个入市文本，指导集体经济组织规范入市。

（4）实行统一的登记管理。将农村建设用地纳入不动产统一登记范围，发放了全国首本农村建设用地的《不动产权证书》。制定了鼓励金融机构开展农村建设用地使用权抵押贷款指导意见，将使用权列入押品范围，落实使用权的抵押权与国有土地同等待遇，县内金融机构实现了该业务的全覆盖，在全国实施了使用权抵押贷款第一单，累计完成使用权抵押 65 宗次，共计 1.23 亿元。

（5）实现统一的服务监管。在审批监管上，实现了“申请、审批、交易、颁证”全程服务 60 日办结。引入“第三方机构服务”机制，培育了一批相关的中介机构。制定了农村建设用地批后监管暂行办法，将其统一纳入建设用地批后监管系统，完善开竣工申报、复核验收等履约监管制度，实行动态跟踪管理。截至 2020 年 4 月，农村建设用地项目入库率达 100%。

4. *差别化落实“钱怎么分”*

坚持收益均衡共享原则，建立土地增值收益在国家、集体和个人之间合理分配的机制，既要体现所有者权益，又要体现公平公正，让农民群众有更多的改革获得感。

（1）测算增值收益平衡新模型。按照“建立兼顾国家、集体和个人的土地增值收益分配机制”，实现土地征收与集体入市之间所获收益大体平衡的要求，开展土地增值收益测算与分配研究，认真核算农民和农民集体在土地征收中所获得的收益，以及国有土地出让收益分成中用于农民和农民集体的比例，采用入市收益“盯住”征收收益的办法，测算了平衡模型，确定按照 29.3%~30.1%的调节金总体征收比例。

（2）确定调节金征收比例新规定。在实际确定增值收益调节金征收比例时，考虑到若德清县采用统一比例征收，会因规划用途和区位，造成集体间新的不公平。因此，在综合考虑工商业地价、不同规划区对土地增值影响等因素后，确定按类别、有级差的征收模式，制定了入市土地增值收益调节金征收和使用规定，实现了入市收益与农转征收的补偿收益基本相当。截至 2020 年 4 月，德清县共征收调节金 7424 万元，占入市金额的 19%。

（3）落实内部收益分配新方式。根据三类集体经济组织的不同形态，制定了入市收益分配管理规定，提出了“实物形态、股权形态、现金形态”三类分配模式，并将入市收益纳入农村“三资”管理。镇（街道）集体入市的，收益用于辖区农村基础设施建设、民生项目等支出，以实物形态落实共享收益。村集体入市的，收益不直接分配，将追加量化农户股权，年底享受收益现金分红。村民小组入市的，收益的 10%作为村集体提留，其余以现金形式在成员间公平分配。

（4）开发资金信息管理新平台。为解决“资金流向怎么管”，开发了“农村建设用地入市一体化信息管理平台”，实行“成交价款依申请代收、调节金依申报代扣”制度，将资金征缴、分成、缴库、支出、监管等纳入平台统一管理，实现财政、国土、农业、乡镇、村、代收银行间信息共享，加强资金流向监管，确保农民收益安全、保值、增值。

（三）取得的成效

坚持以改革实效、群众是否受益来检验入市路径，初步实现了土地增效、农民增收、集体壮大、产业升级和基层治理增强的目标。

一是县域内城乡统一的建设用地市场初步形成。建立完善的市场交易规则，将德清县农村建设用地统一纳入县公共资源交易中心交易，建立多方协同的入市监管服务机制，实行与国有建设用地“五个统一”，实现农村土地市场从“各自为政、无序交易”转变为“权能完整、统一规范”，抵押融资从市场空白转变为“县域金融机构全覆盖”，在县域内初步建立起城乡统一的建设用地市场，营造公平竞争的用地环境。

二是群众的改革获得感显著增强，始终把维护好、发展好农民利益作为出发点。在入市增值收益分配上，兼顾入市与土地征收间大体平衡的同时，更多地增强农民改革成果获得感，农民和集体收益 3.64 亿元，惠及农民群众 22 万余人。鼓励偏远欠发达的村与集中入市区块的村合作，通过异地调整入市，达到资源互补、共同入市、收益共享，实现“强村带弱村”。

三是农村经济发展后劲明显增强。从用地情况来看，解决了小微企业的用地需求，民间投资得到激活，一批精品酒店、乡村民宿和小微企业创业园、农产品加工、农业科研企业等符合农村实际的项目顺利推进，替代了原有的砖瓦厂、小码头、小矿山、小化工等落后低效产能和闲置农房，产业形态明显提升。初步测算，仅入市的新建项目已实现新增投资 35 亿元。

四是农村面貌进一步改善。结合农村全域土地综合整治和美丽乡村建设，关停了一批“散乱污”企业，推进了农村基础设施建设，生产效率进一步提升，环境进一步改善。已累计复垦闲置宅基地和低效零散农村建设用地达 400 多亩，推动了村庄布局优化和产业转型升级。

五是农村土地自我管理明显提升。建立“三会三公开”制度，将建设用地入市、土地征收、宅基地管理、耕地保护、违法管控等工作纳入民主决策范畴，“民主议地”推动基层治理、乡风文明。农民群众主动管理土地多了、违法用地少了；商量公共事务多了、私下结怨少了，基层治理进一步加强。

（四）小结

浙江省德清县是第一批 15 个农村集体经营性建设用地入市改革试点之一，通过试点集体土地入市，发现并未造成对国有土地市场的冲击，反而激活了一部分用地供给，使原本闲置低效的农村建设用地得到有效利用，城乡统一的建设用地市场应是一个“合理竞争，优势互补，互利共赢”的市场。村集体组织需要在允许集体土地入市的基础上，通过经济活动慢慢培育和成长。让农民受益，是农村土地改革的初心。德清县深化农村土地制度改革，不断扩大改革覆盖面，给农民分享土地的增值收益、激活农村的土地资源要素带来新机遇，为以改革撬动乡村振兴提供更多德清经验。

二、宁波市城乡统一建设用地市场探索

（一）区域概况

2018 年以来，象山县贯彻落实中央一号文件提出的探索宅基地“三权

分置”改革精神，围绕“确权、赋权、活权、保权”，大胆探索、稳步推进农村宅基地所有权、资格权、使用权“三权分置”，明确了宅基地确权、流转、鉴证、登记、再流转、抵押担保等全流程实施办法，通过政府规定、市场决定、合同约定、项目确定等多种方式强化“三权”权能，形成了宅基地和闲置农房流转开发利用的“象山样本”。自 2018 年 4 月颁发浙江省首本农村宅基地“三权分置”不动产权证以来，已累计颁发 115 本，盘活和利用宅基地 2. 11 万平方米、闲置农房 3. 12 万平方米，涉及 53 个村 423 户，引进开发乡村旅游、健康养老等产业项目 42 个，总投资超 6. 2 亿元。

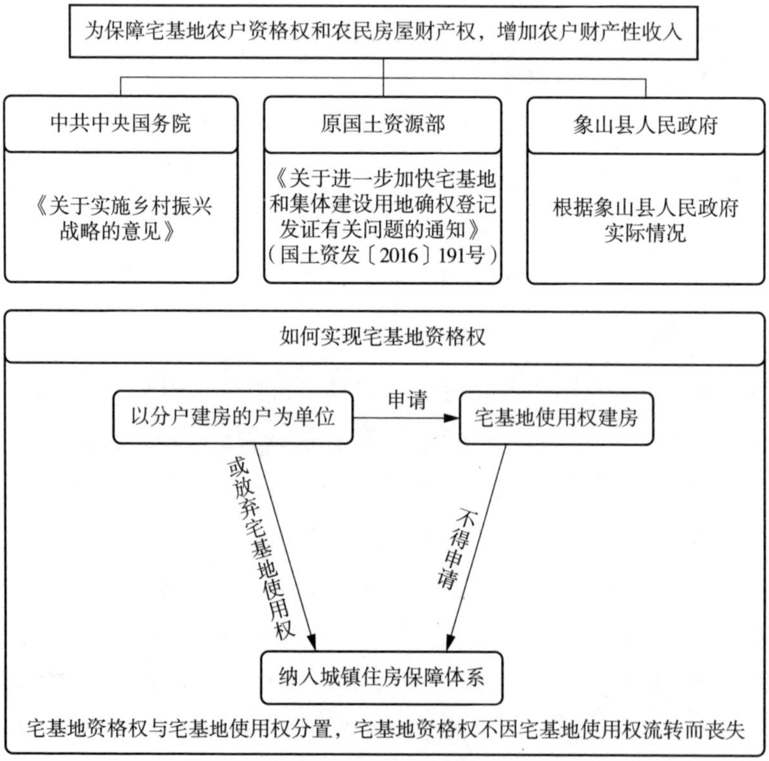

图 2-1　象山县宅基地资格权管理办法

（二）主要做法

一是加快“确权”、清晰归属，让宅基地产权“明起来”。①实施

“一户多宅”整治。自2010年起，在浙江省率先实施了村庄梳理改造，清除违建和破旧房屋6.4万余间，清理宅基地5410亩，推进农村房地一体确权登记发证，解决历史遗留问题，提高登记率。②创设登记制度。制定并出台农村宅基地“三权分置”实施意见和登记办法，明确了底线和禁止原则，区分了资格权人和使用人，分开登记和颁证房屋所有权、使用权和宅基地资格权、使用权。③有序确权颁证。2018年，选取4个乡镇进行点状试点，挑选闲置宅基地、农房或集体建设用地入库，按照“成熟一个、推行一个”原则逐步推广。确权颁证用于乡村旅游、现代农业、健康养老等产业，先签合同再颁证，明确各方权益保障和合同内容。

二是充分“赋权”、完整权能，让各方主体权益“实起来”。①落实所有权。明确集体经济组织为宅基地所有权人，享有处置、监督和收益权，并具备宅基地管理和经营的权能。通过清理和有偿退出，“一户多宅”和其他存量建设用地、历史文化建筑等归村集体所有，并由村集体进行统一规划和使用。②保障资格权。明确集体经济组织成员为宅基地资格权人，享有获得、保留、退出权，并赋予宅基地使用、收益、处分、重获等权能。探索保留资格权的方式，包括“留权不留地”和有偿退出使用权、保留资格权等方式，以便农户保留宅基地资格权。与城镇住房保障体系建立衔接机制，允许符合条件的退出宅基地资格权者申请城镇保障性住房。③放活使用权。明确农户和社会资本可成为宅基地与闲置农房使用权人，享有经营权、流转权和抵押权。引入宅基地使用经营权，通过流转协议，投资者获得使用经营权，期限不超过20年。农户可以入股宅基地使用权，合作经营。推行宅基地使用权抵押，银行发放旅游贷、民宿贷等抵押贷款。

三是创新“活权”、顺畅流转，让农村闲置资源“活起来”。①拓宽使用途径。充分利用美丽乡村建设成果和全域旅游发展态势，发展农家乐、民宿等乡村旅游。放开使用权政策空间，允许农户与返乡创业人员合作建房、跨乡镇置地建房，允许非集体成员发展产业并流转宅基地使用经营权。②健全交易机制。开展宅基地（农房）资源排查，完善数据库。建立定价议价机制，动态调整流转基准价。编制资源招商手册，实行农村产权交易中心+服务站（村）+农户的模式。采取统一收储、回购、返租、入股等方式，经自愿申请与审核后委托经营和交易，实行统一规则、合同、鉴证、服务、监管。③优化服务供给。以“最多跑一次”改革理念，建立乡村产业全流程服务机制。推行快速审批机制，实现宅基地和闲置农房权属登记、流转、利用等环节的简化办理。建立民宿联合审批标准，审批效率提高90%以上。全面推行“双随机、一公开”监管，减轻企业负担，促进市场活力。

四是规范“保权”、严格保护，让改革获得感“强起来”。①维护国家权益。建立合同备案监管机制，确保投资方按合同约定进行开发建设。禁止非村集体成员擅自改拆建，并由乡镇（街道）负责跟踪监管和整改落实。严控生态保护红线、永久基本农田、城镇开发边界，保障生态安全和国土安全。②保证集体权益。以宅基地“三权分置”为突破口，创新“社会资本+集体经济”联结机制，出台指导意见，支持村集体采取集体开发、协作经营等方式，将农村闲置资源与集体经济发展相结合，拓宽增收渠道。③保护农户权益。强化农户资格权，加强合同约定和履行，乡镇（街道）负责监督整改，保障农户权益。支持农户与投资者协商确定宅基地（农房）利用方式，租赁、入股、合作等经营模式，获得流转租金，实行“租金+分红”模式，提高农户收益。④保障投资人权益。制定农村宅基地使用权流转三方合同，通过“三方协议、一方鉴证”，明确投资者权益、使用期间、用途范围、权利处分、到期农房及配套设施设备归属等要素，加大履约增信保障力度，给投资方吃下定心丸，让投资客商愿意投、敢于投、放心投。

（三）取得的成效

宅基地“三权分置”改革保障了投资主体、村民、村集体的权益，实现了宅基地的确权、赋权、活权和保权。宅基地“三权分置”改革激活了闲置资源，打通了工商资本上山下乡的通道，引进了乡村旅游、健康养老等产业项目，创造了就业和收入。宅基地“三权分置”改革促进了农村经济社会发展，提升了农民生活质量，走出了一条宅基地和闲置农房流转开发利用的“象山路径”，受到了国家和省级的肯定与表彰。

（四）小结

自2018年以来，宁波市象山县根据中央一号文件的精神，探索宅基地“三权分置”改革。这一改革围绕“确权、赋权、活权、保权”，明确了宅基地的全流程实施办法，并通过多种方式强化了“三权”的权能。具体来说，象山县采取了以下主要做法。

一是加快“确权”：实施“一户多宅”整治，清除违建和破旧房屋，推进农村房地一体确权登记发证，解决历史遗留问题。同时，创设登记制度，制定并出台农村宅基地“三权分置”实施意见和登记办法。二是充分“赋权”：明确集体经济组织为宅基地所有权人，享有处置权、监督权和收益权。同时，保障集体经济组织成员为宅基地资格权人，享有获得权、保留权、退出权。此外，还放活使用权，允许农户和社会资本成为宅基地与闲置农房使用权人。三是创新“活权”：拓宽使用途径，如发展农家乐、民宿等乡村旅游。同时，健全交易机制，建立定价议价机制和流转基准价。此外，还优化服务供给，简化办理流程，提高审批效率。四是规范“保权”：维护国家权益，禁止非村集体成员擅自改拆建。保证集体权益，支持村集体采取集体开发、协作经营等方式。保护农户权益，强化农户资格权。保障投资人权益，明确投资者权益和使用期间等要素。

这一改革取得了显著成效，“三权分置”改革激活了闲置资源，引进了乡村旅游、健康养老等产业项目，创造了就业和收入；同时促进了农村经济社会发展，提升了农民生活质量。

三、象山县农村集体土地合作建房创新

（一）区域概况

象山县位于浙江省中部沿海，象山港与三门湾之间，由象山半岛东部及沿海608个岛礁组成，陆地面积1175平方千米，海域面积5350平方千米，海岸线长达988千米，占浙江省海岸线长度的1/8，现辖有10个镇5个乡3个街道。2018年，象山县发放省内首本“三权分置”不动产权登记

证，明确农户与创业创新人员各自的权限，并各具法律效应。“三权分置”的红利加速了资金、人才等资源要素向农村流动。据统计，两年来象山县累计颁发“三权分置”不动产权登记证115本，牵引出42个项目和6.2亿元资金，激活闲置土地资源3.12万平方米。

然而，“三权分置”不动产权登记证颁发以来，农村合作建房在归属、权能界定上，仍缺乏一套具备较强可操作性的管理办法。无论是投资者，还是农户，都对此心存顾虑。为此，2020年由浙江省宁波市象山县自然资源和规划局、象山县农业农村局联合发布的《象山县农村集体土地合作建房管理办法》（以下简称《办法》）正式出台，并定于2020年9月1日起实行。《办法》为宅基地的“三权分置”设置了完整程序，从申请、审批、建设、监督管理、登记、转让六个方面进行制度规范。该管理办法明确了建房人群的范围，只有返乡下乡创业创新人员才可以与农村集体经济组织或符合宅基地建房审批的农户共同申请建房；明确适用范围，用于发展乡村旅游、文体娱乐、农（渔）家乐、乡村民宿、健康养老、“互联网+”等产业。

（二）主要做法

一是合作建房的主体。明确所称农村集体土地合作建房，是指返乡下乡创业创新人员（包括城镇居民、法人或其他组织，下同）与农村集体经济组织或符合宅基地建房审批的农户，在符合国土空间和村庄建设规划的前提下，利用宅基地和其他存量集体建设用地，共同申请新建、改建、扩建房屋，用于发展乡村旅游、文体娱乐、农（渔）家乐、乡村民宿、健康养老、“互联网+”等产业。

二是合作建房的审批程序。利用宅基地合作建房，需经村民委员会会议或村民代表会议讨论通过后，由参与方共同向当地镇（乡）人民政府村（居）民建房管理办公室提出书面申请；利用其他存量集体建设用地合作建房，需经村民委员会会议或村民代表会议讨论通过后，当建筑面积小于等于300平方米时，由参与方共同向当地镇（乡）人民政府村（居）民建房管理办公室提出书面申请；当建筑面积大于300平方米时，参照村集体项目审批要求执行。

三是合作建房需要提交的申请材料。利用农村集体土地合作建房，应根据实际情形提交下列申请材料：合作双方的身份证明；《象山县农村集体土地合作建房申请表》《象山县农村集体土地合作建房协议》；申请改建、扩建的，提供现有依法登记的权属证明；房屋设计图纸和效果图；其他相关材料。

四是合作建房的权证办理。合作建房经验收合格后，合作建房参与方可在农村集体土地所在镇（乡）不动产登记窗口共同申请办理农村集体土地合作建房不动产权登记。农村集体土地合作建房按照“房地一体、三权分置”原则进行不动产权登记，合作建房参与方各执一份，并在《不动产权证书》的“权利人”一栏备注各自的权利类型。利用宅基地合作建房，房屋的所有权登记为农户，宅基地资格权在附记栏中标注，宅基地使用权和房屋使用权则根据合作建房协议约定的年限，登记为返乡下乡创业创新人员，并按照《象山县宅基地“三权分置”登记暂行规定》在证书附记栏进行标注。利用其他存量集体建设用地合作建房，集体建设用地使用权和房屋所有权登记为集体经济组织，集体建设用地经营使用权和房屋使用权则根据合作建房协议约定的年限，登记为返乡下乡创业创新人员。

（三）取得的成效

截至2023年底，象山县累计盘活农村闲置农房1228幢，近15万平方米，引进乡村产业项目128个，投资总额超20亿元；2022年，农村集体经济总收入、农民可支配收入分别同比增长12.5%和6.4%。象山县数字化盘活闲置农房经验做法得到部省领导的高度肯定，并被列入了浙江省数字化改革“一地创新、全省共享”“一本账”。

一是推进浙江省自然资源厅“数字国土空间”多跨应用场景试点县建设。①建立闲置“资源池”。创新开发建设闲置农房盘活场景应用，系统自动筛选用电量低于200千瓦时、用水量低于30立方米的农房，比对房地一体不动产信息，实时获取乡村规划、国土空间规划等多源数据，依托基层网格上门核实入库建档，形成合法合规的动态闲置农房资源库。截至目前，累计识别疑似闲置资源1.8万宗，入库潜在闲置资源2387宗。②拓展交易“产品池”。创新开发“资源画像”模块，综合周边资源、产业等情况，对农房资源要素进行量化赋分，依托第三方平台，统一展示推介资源包装，提高招商覆盖面和成交量。2023年以来，完成闲置农房交易86宗，新办民宿38家。③构建风险“预警池”。健全“绿黄红”三色预警机制，监测跟踪关联主体的行政处罚、抵押贷款等动态信息，对可能存在的经营不善、权属纠纷等情形提前介入并及时处置。如导入民宿入住系统智能预警监测黄码4宗，提醒相关经营责任主体介入处理。

二是推动农村资源资产价值转化。①拓宽闲置资源用途。以“闲置农房+”模式推进项目招引，着力推进乡宿餐饮、科创研学、乡村旅游、文化创意、健康养老等新产业新业态发展，促进闲置资源向资产转化，助力农村产业变革升级。目前，已发展“集体+企业”“集体+农户+企业”等合作联营项目12个，合计盘活闲置宅基地（农房）9.5亩。②释放乡村资源潜力。加快数据互通共享，推动闲置资源与资金、资本、人才精准匹配，有效破解乡村发展建设用地制约、资金投入不足、产业人才缺乏等困境。近3年累计引进大学生创业者44人、新增农创客261人、集聚各类人才逾500人，发放“民宿贷”等农房抵押贷款3.9亿元。③优化利益分配方式。建立盘活闲置资源公共管理服务费收费制度，实行收益“二次分配”，即由农户自主经营，村集体提供基础保障并收取一定服务费，实现农民农村共同富裕。如泗洲头镇墩岙村通过线上交易提高年租金50元/平方米，户均财产性收入增加6万元，村集体根据民宿入住流量收取12元/人次管理服务费，可增加年收入40万元以上，投资方通过规模化经营，年均净利润增幅达15%，真正实现三方增收共富。

（四）小结

象山县的改革走在前列，农村集体土地合作建房政策的出台，首次将农村集体土地合作建房规范化、标准化，针对农村合作建房存在的归属模糊、权能不明等问题，建立流转顺畅、保护严格的农村集体土地合作建房管理制度。同时，明确农村集体经济组织或符合宅基地建房审批的农户是宅基地所有权人，享有处置权、监督权、收益权，返乡下乡创业创新人员拥有宅基地使用权，给合作双方吃下“定心丸”。

第三节 宅基地改革中农民土地财产权的实践经验

一、象山县“三权分置”改革探索

（一）区域概况

象山县地处长三角南缘、浙江省中部沿海，农业人口为34万人，其中常年外出劳动力7.5万人，闲置宅基地和闲置农房问题比较突出。新一轮农村宅基地制度改革试点实施以来，象山县结合宅基地基础信息调查和浙江省全面开展的数字化改革，开发了“农村闲置宅基地盘活应用系统”。目前，该系统已在线流转闲置宅基地47宗。

象山县三面环海，文旅资源丰富，闲置宅基地具有较大盘活潜力。但以往闲置宅基地多是在小范围内点状盘活，政府未能详尽掌握闲置数据，也未能解决农户与市场对接等问题。为此，象山县在农村宅基地管理信息平台中设置盘活系统，该系统突出数据共享，贯通了农业农村、自然资源和规划、文化和旅游等11个部门，设置了闲置感知、资源发布、资源招商、审批服务、过程监管五大功能场景。

（二）主要做法

一是利用电、水数据智能识别闲置宅基地，建立了真实、完整、动态的闲置资源库。象山县将年用电量低于200千瓦时、用水量低于30立方米的宅基地和农房判别为潜在闲置宅基地。以此为标准，自动感知全县潜在闲置宅基地约3万宗，占总量的24.1%，在系统识别潜在闲置宅基地后，有关基层网格员进行核查，并确认农户是否有盘活意愿。

二是对闲置宅基地合法性审核、精准画像和多层次市场发布，提高了成交率和溢价率。①盘活系统接入了国土空间规划和不动产登记数据，对闲置宅基地在上网发布前进行“一键审核”，从源头上杜绝“问题宅基地”

入市。②对闲置宅基地量化评分、精准画像，方便投资主体筛选。③盘活系统接入县产权交易平台，同时对接了第三方发布平台，辐射了省域乃至全国市场。多层次、立体化发布增强了闲置宅基地的网络曝光度，提高了成交率和溢价率。之前，象山县闲置宅基地租赁价格稳定在每平方米每年50~80元，目前，在线成交价格可达每平方米每年100元左右。

三是对盘活相关业务“一站式”审批，显著缩短审批时限。宅基地流转及后续的资源开发、产业运营涉及诸多审批事项。象山县开展跨部门业务流程优化，盘活系统集成合作建房审批、民宿经营审批、营业执照办理、抵押贷款申请等审批事项，为用户提供“一站式”服务，并可在线查询流程进度。在此之前，申办民宿需要跑多个部门，填写各种表格，进行逐项审批。盘活系统上线后，足不出户即能办领证照，审批时限也从60天缩短至15天。

四是利用“大数据”全程监管，实现监管闭环。在前期实践中，象山县针对闲置宅基地交易、签约环节，探索建立了乡镇、村级闲置宅基地交易服务站和“三方协议、一方见证”（在乡镇政府的见证下，村集体、农民和投资方签订三方协议）等较为完备的监管体系。但在合同纠纷多发的履约环节，监管力度依然较为薄弱。现在，通过盘活系统实时监测行政处罚、抵押贷款、经营收益等数据，可以实现对履约付款、经营不善、权属纠纷、用途变更等方面的智能预警，确保政府提前介入和及时处置。

象山县闲置宅基地盘活利用，以数字技术为矛、以政策体系为盾，是“数字宅改”的有益探索，其做法有一定借鉴意义。一是盘活系统实现了农户与市场对接，提高了闲置宅基地成交率和溢价率。二是利用电、水数据智能识别闲置宅基地，大幅降低了基层工作负荷，可作为闲置宅基地调查的重要补充手段。三是在宅基地“三权分置”改革框架下，抓住“人、地、市场”的牛鼻子，制定了“激励主体、扶持产业、规范市场”的盘活政策体系，针对性和可操作性强，保障了盘活系统高质量运行。

（三）取得的成效

在乡村振兴战略背景下，农村宅基地“三权分置”改革是促进城乡融合发展的重要手段。这项改革的主要成效如下。

一是赋予农民更多财产权利，缩小城乡收入差距。现行的农村土地制度规定，农村宅基地使用权只能在本集体经济组织内部流转，严重制约了农民房屋财产权的实现，造成了农村居民和城市居民住房财产权利的不平等，不利于城乡收入差距的缩小和城乡二元结构的破除。乡村振兴战略提出宅基地“三权分置”改革，旨在破除造成城乡二元分割的体制机制障碍，赋予农民更多财产权利，增加农民财产性收入，拓宽农民的增收渠道，进而缩小城乡居民的收入差距和生活水平差距。

二是提高农村土地资源的利用效率，优化资源配置。随着城市化进程的加速，大批农村居民进城务工，农村出现大量的闲置宅基地和闲置农房，甚至出现“空心村”现象，造成大量的土地资源浪费。宅基地“三权分置”改革，提出适度放活农村宅基地和农民房屋使用权，旨在为社会资本进入农村地区开发闲置宅基地和闲置农房提供政策保障，提高农村土地资源的利用效率，促进农村土地资源要素流动，优化土地资源配置。

三是通过宅基地“三权分置”改革，实现各类要素在城乡之间的自由流动，促进城乡融合发展。我国长期的城乡二元分割，导致各类要素在城乡之间的流动存在一定的障碍。宅基地“三权分置”改革，旨在促进各类要素尤其是土地要素在城乡之间的自由流动，推动土地要素的市场化配置，让市场成为土地资源配置的决定性力量。通过宅基地“三权分置”改革和其他相关改革，可以激活农村各类要素资源，激活农村的市场，促进乡村经济的发展，实现乡村振兴。

（四）小结

宅基地“三权分置”是在保持集体所有权的前提下，通过产权细分和交易发生释放农村土地配置活力，由此必然带来制度取向、权利结构、权利主体、利益关系、法律逻辑等多维度的深刻变革，这也意味着在实践层面将面临一系列新问题、新挑战。

盘活闲置宅基地和闲置农房与农村建设用地减量化之间可能的矛盾。通过宅基地“三权分置”改革，保障农户宅基地资格权和农民房屋财产权，适度放活宅基地使用权流转，有利于促进闲置农房的盘活利用，增加农民财产性收入，但同时盘活闲置宅基地与闲置农房的做法或许在未来会给农民带来宅基地和农房升值的预期，从而增加闲置宅基地和闲置农房退出的难度。若宅基地的“三权分置”改革与宅基地的有偿退出之间产生了一定的矛盾，将不利于农村土地资源的优化配置。与此同时，有些地区为了提升农村地区的公共基础设施水平，而增加相应的建设用地供应，在一定程度上与农村建设用地减量化的目标相冲突，也与农村地区人口持续流出的大背景不相适应。

宅基地“三权分置”改革的成效受多方面因素共同影响，发展乡村旅游业易受经济波动的影响。农村宅基地“三权分置”改革的成效受多方面因素的共同影响，拥有集中连片的闲置农房，具有良好的自然环境和人文底蕴的村庄更容易被激活，但并非所有村庄都具有这些特征。对于人口持续流出，且并不具有发展乡村旅游业比较优势的村庄，更适合将其中的闲置宅基地和闲置农房复垦为农用地。目前，就浙江省农村宅基地“三权分置”改革所发展的产业而言，做到了以乡村旅游业为主，并围绕乡村旅游业拓展出一系列新产业和新业态。一般来说，人们对旅游业的消费弹性较大，因此在经济不景气的情况下，乡村旅游业可能会受到较大冲击。同时，旅游业具有明显的季节性特征，在旅游淡季的时候，乡村旅游业的收益会受到不利影响。经济波动和旅游业的季节性特征，这两个方面的因素都会影响乡村旅游业的发展，进而影响宅基地“三权分置”的改革成效。

地方政府为推进宅基地“三权分置”改革而进行的财政投入，有加剧地方政府债务风险的可能性。地方政府为推动宅基地“三权分置”政策的实施，投入了相当的组织成本和宣传成本；同时，为了提升农村地区的公共基础设施水平，改善农村人居环境，地方政府会大力投资进行公共基础设施建设。而在当前农村人口持续流出，城市化进程不可逆转的情况下，公共基础设施的利用率相对偏低，从而不利于尽快收回投资成本。总的来说，地方政府的财政投入短期内会推动闲置宅基地和闲置农房的盘活利用，但长期来看，可能会增加政府的财政负担，有加剧地方政府债务问题的可能性。

二、义乌市农村宅基地制度改革试点

（一）区域概况

义乌市位于浙江省中部，东与东阳市相邻，南和永康市、武义县相连，西与金东区、兰溪市接壤，北同浦江县、诸暨市交界。市政府驻地稠城镇县前街 21 号，北距省城杭州 108 千米。义乌市总面积 1105. 46 平方千米，下辖 8 个街道、6 个镇。

2015 年 3 月以来，按照中央部署，义乌市开展了农村土地制度三项改革试点工作，在全国首创首提、先行先试农村宅基地“三权分置”，并系统建立了“1+7+9”（一意见、七办法、九细则）的制度体系。试点工作开展以来，义乌市紧紧围绕中央部署，严格落实自然资源部和浙江省委、省政府要求，以“让人民满意”为改革原动力，坚持党委负总责、党政“一把手”亲自抓、市域“一盘棋”推进，妥善处理好农民与土地的关系，系统破解了“人、地、钱”问题，保障了农民的基本权利，增加了农民财产性收益，广大农民获得感明显增强。义乌市改革试点工作得到了自然资源部等相关部委和浙江省委、省政府的充分肯定。义乌市首创首提、先行先试的宅基地“三权分置”已上升为中央顶层制度设计，写入了 2018 年中央一号文件。浙江省委书记车俊、省长袁家军都对义乌市农村土地制度改革工作和宅基地“三权分置”做法作出重要批示，要求在全省推广义乌做法。

（二）主要做法

深入探索宅基地“三权分置”，为产业兴旺、生态宜居创新土地制度供给。2015 年 4 月，义乌市在全国率先开展宅基地“三权分置”探索，在坚持集体所有权和固化宅基地分配资格权的基础上，通过宅基地有偿选位、宅基地落地权益有偿调剂、农房出租、宅基地使用权转让、农房抵押等多种方式实现宅基地和农房的市场化配置，为优化村庄用地布局、盘活闲置宅基地和农房并用于乡村产业发展提供了制度供给。

义乌市重点在三个方面进行了探索创新：一是落实宅基地集体所有

权，丰富集体所有权的实现形式；二是优化宅基地分配资格权；三是多途径放活宅基地使用权。义乌市探索的宅基地“三权分置”，不仅在农民增收益、集体增收入、发展增活力、社会更和谐、用地更集约、环境更美好方面发挥了积极作用，而且从理论上探索创新了宅基地上的权利体系，丰富了盘活利用宅基地和农房的手段，并为2018年中央一号文件部署宅基地“三权分置”作了有效探索，体现了义乌改革“勇立潮头”的特质。具体做法如下。

1. 创新农房抵押和土地融资方式，提升金融服务乡村振兴的能力

面对全国普遍存在的农房抵押的体制机制障碍，义乌市大胆创新探索，通过切实有效的举措突破困境，活跃农房抵押市场：一是全面推进农房不动产统一登记，既为农民宅基地使用权和房屋所有权提供了法律保障，也为农房和宅基地发挥抵押融资功能奠定了基础；二是建立多元化的抵押物处置机制，既确保了抵贷农户基本居住有保障，也保障了银行抵押权益能够便利地实现；三是建立健全抵押农房司法处置办法，进一步缓释抵押贷款风险。

2. 坚持农民主体地位，发挥农民在农村土地制度改革和乡村振兴中的主体作用

义乌市以农村土地制度改革为“黏合剂”，建立健全党组织领导的自治、法治、德治相结合的乡村治理体系，充分发挥农民在农村土地制度改革和实施乡村振兴战略中的主体作用。通过健全集体经济组织，建立健全农村土地管理议事决策机制、民主监督机制、财产管理机制、服务群众机制、调处矛盾纠纷机制等，促进农村基层土地管理的民主决策、民主管理、民主监督。在村庄更新改造中，以集体经济组织为纽带实现村民的“六个自主”——自主规划、自主改造、自主分配、自主处置、自主利用、自主收益，村庄治理成效得到大幅提升。上述做法，既保障了农民的知情权、参与权、决策权，调动了农民当家作主的积极性，增强了农民精神层面的获得感；又保障了改革政策设计得以体现最大多数农民的利益，从而保障了农民在物质利益上的获得感。

3. 土地增值收益分配向农民倾斜，实现发展共享，以城哺乡

农村土地制度改革探索的一个核心问题，就是土地增值收益在国家和集体之间的分配，义乌市的农村土地制度改革在利益分配上充分体现了向农民让利的特征。一是在征地制度改革中，义乌市突破了传统的农用地产值倍数法补偿形式或标准，从保障被征地农民基本生活和长远生计的角度，综合运用区片综合地价补偿、多元化的社会保障以及留用地补偿等方式，显著提高了被征地农民的补偿收益，让被征地农民的基本生活、医疗、教育、养老等多个方面的长远生计都得到了保障。二是在集体经营性建设用地入市改革中，通过赋予农民集体部分土地的开发权，让农民集体居于入市交易的主导地位，使得入市交易中形成的土地增值收益大都留在了农民集体手中。三是在城乡新社区集聚建设中充分让利。四是在农村更新改造建设“和美乡村”项目中通过政府财政补助让利。

（三）取得的成效

2017 年底，经专业统计机构专项调查统计，农民对义乌市农村土地制度改革工作整体满意度为 85.8%。抽样调查表明，大部分农民在经济收入增加、生活环境改善、社会保障提高方面感受明显。通过近 5 年的探索创新和改革实践，试点工作取得突出成效，探索农民住房保障多种实现形式、建立城乡统一的基准地价体系、宅基地历史遗留问题处理和有偿使用、农房发证和抵押贷款、宅基地有条件转让和跨村安置、“集地券”等多项改革成果居全国前列，积累了一大批成熟的、具有先进性的改革经验和制度成果；广大农民获得感、幸福感明显增强，改革红利有效释放，累计实现了 22169 户农户“住有所居”，62893 户农户完成农房历史遗留问题处理，发放“房地一体”农房不动产权证 122276 本，发放农房抵押贷款 23056 笔 117.42 亿元，办理宅基地转让登记 4901 宗，完成 431 户 1240.5 间宅基地跨村安置，完成“集地券”建设 4737 亩，农村农民通过改革直接获利超过 86 亿元。

（四）小结

作为全国 33 个农村土地制度改革试点地区之一，浙江省义乌市主要承

担了农村宅基地制度改革任务。试点工作实施两年多来，义乌市因地制宜，大胆探索，在农村宅基地制度改革方面作了一些富有成效的实践探索。义乌市农村宅基地制度改革的主要做法根据中央改革要求，在相关法律法规和政策制度方面强化顶层设计，平衡各方利益，结合各项国家级改革，逐步探索出农民住房保障的多种实现形式。如今，义乌市宅基地制度改革开启了2.0版，新一轮农村宅基地制度改革试点工作共有九大任务。作为宅基地“三权分置”的首发地，义乌市在新一轮试点中，要建立完善“规划统筹管控、依法公平取得、节约高效使用、权利权能完整、资产属性显化”的宅基地管理制度和“所有权稳固、资格权保障、使用权放活”的宅基地“三权分置”实现形式及途径。

三、绍兴市宅基地“三权三票”改革

（一）区域概况

绍兴是浙江省地级市，是由国务院批复确定的具有江南水乡特色的文化和生态旅游城市。截至2023年，绍兴市下辖3个区、1个县，代管2个县级市，总面积8274.79平方千米，常住人口539.4万人，城镇人口394.1万人，城镇化率73.1%。浙江省绍兴市作为全国农村宅基地制度改革试点城市，为贯彻落实农村宅基地“三权分置”改革创新，辖内诸暨市在全国率先试点创设宅基地“集体权票”“保障权票”“保留权票”（以下简称“三权三票”），推动农村闲置宅基地退出综合利用。

2022年以来，浬浦镇五美村累计拆除老旧危房6700平方米，预计可盘活建设用地20余亩，为村集体增收600余万元。2022年11月22日，首批“集体权票”（800平方米）进行公开拍卖。浬浦镇五美村宅基地制度改革累计创下四项全国第一：颁发全国第一张“集体权票”，颁发全国第一张“保留权票”，开展全国第一笔“集体权票”抵押授信，发放全国第一笔“保留权票”抵押贷款。

五美村位于诸暨市东南部，由五美和吾家坞两个自然村在2019年合并而成，此次宅基地制度改革主要在五美村展开。五美村村域面积4.2平方千米，由 7 个小自然村组成，总户数 489 户、总人口 1232 人、宅基地 665 宗（一户多宅 200 余户），人均建设用地面积约 202 平方米，合法“一户多宅”的现象较为普遍，C 级、D 级危旧房 300 余户，村民具有较强的退出闲置房屋的愿望。五美村以宅基地制度改革为契机，优化村庄规划布局，美化村庄环境建设，推动乡村产业发展，壮大村级集体经济，实现农民增收致富。

（二）主要做法

一是完善集体所有权，探索创新“集体权票”。浬浦镇出台《农村宅基地“集体权票”实施办法》，强化村集体作为宅基地所有权人的收益和处分权利。村集体统一回收闲置宅基地，拆除复垦后按复垦总面积的 50%核发“集体权票”，其余 50%归绍兴市政府统筹使用。“集体权票”优先保障本村农户建房，结余部分可通过产业导入、流转交易、政府回购等方式获利，让乡村振兴“有钱可用”。

二是放活个人使用权，探索创新“保留权票”。浬浦镇出台《农村宅基地“保留权票”认定操作细则》，放活农户对宅基地使用权的价值实现路径。对退出宅基地使用权的农户，核发相应面积的“保留权票”，农户可凭“保留权票”享受后续土地开发利益分成。通过市场化行为有效平衡资源分配，提升土地利用率，以“时间”换“空间”，让村庄建设“有地可用”。

三是固化成员资格权，探索创新“保障权票”。浬浦镇出台《农村宅基地“保障权票”实施细则》，实现对无房户、住房困难群众的兜底保障。对人均占用宅基地面积小于 15 平方米或人均建筑面积小于 30 平方米的住房困难户核发“保障权票”，固化资格权利，落实建房地块，给群众吃下“定心丸”，配合后续出台的新型农民建房政策，让群众“有房住、住好房”。

（三）取得的成效

一是打通堵点、破解痛点，擦亮新时代“枫桥经验”金名片。聚焦百姓“急难愁盼”问题，勇涉改革“深水区”，出台《浬浦镇农村住房历史遗留问题处理实施细则》，试点“保留权票”作为合法权源“置换”违法用地的新举措，破解农房不动产登记中的难点、堵点、痛点，着力解决历史原因造成的农村住房确权难问题。

二是盘活农村闲置资源，激发乡村振兴发展活力。五美村已拆除老房80余户、地块13块，正在开展土地平整和拆后利用工作，本轮宅改结束后可盘活建设用地20亩以上，既消除了危旧房安全隐患，又为村庄的长远发展注入强劲动力。目前，五美村已流转发包土地200亩，增加村集体经营性收入10万元，选定8亩土地作为集中安置区域，计划建造15栋浙派风格农房作为安置房。

三是拓宽资金增收渠道，助推农村实现共同富裕。开启政府主导、金融参与、风险共担的“政银担”宅改新模式，放活宅基地所有权、使用权的价值实现路径。2022年3月24日，五美村股份经济合作社凭“集体权票”获得银行贷款4000万元，农户凭“保留权票”获保底收益2000元/平方米，部分村民通过“保留权票”质押获得了银行贷款。11月22日，五美村以5000元/平方米的底价公开拍卖首批800平方米“集体权票”，村集体预计可增收400余万元。

（四）小结

诸暨市紧扣中央探索宅基地“三权分置”要求，以处理好农民和土地关系为主线，在全国率先创设宅基地“三权三票”制度体系，实现了“三化”。一是凭证化。以“集体权票”“保障权票”“保留权票”的凭证形式，具象化表达宅基地集体所有权、农户资格权、宅基地使用权，并形成制度体系。二是价值化。村集体、农民拥有相应“权票”，就对应拥有不同的财产价值，并可凭“权票”向银行机构申请质押贷款。三是市场化。允许“权票”通过市场流转交易实现其市场价值，也可申请住房保障名额，还可实施“等量置换”“等量移位”改革。宅基地“三权三票”改革，串联了宅基地“三权”关系，打开了宅基地“权利—权能—权益”转换通道，实现了乡村空间盘活、财产激活、权能放活、收入搞活的多赢局面，也实现了大创新、可落地、能推广、惠民生、利修法。

第三章

征地制度改革与农民土地财产权

第一节　征地制度改革概况

党的十一届三中全会以来，我国征地制度进行了一系列改革，逐步体现了国家和地方经济社会发展的总体要求，兼顾了被征地农民的利益，满足了公共利益的需要，在制度设计、政策组织和具体操作中注重以人为本，其改革思想总体上符合我国发展的循序渐进性，并在实践中不断完善。

一、征地制度的核心思想

（一）保证征用土地的公共利益性

征地制度改革以来，为适应我国经济社会发展和公共事业建设的需要，我国出台了一系列政策法规，确立了我国征地制度以公共利益为本的价值取向。

《中华人民共和国宪法》第十条第三款规定，国家为了公共利益的需要，可以依照法律规定对土地实行征收或者征用并给予补偿。《中华人民共和国宪法》作为国家根本大法和一切法律法规之母法，从总体上对征地的公共利益性作出了原则性规定。《中华人民共和国民法典》作为有保障公民权利之称的“小宪法”，其第二百四十三条第一款规定，为了公共利益的需要，依照法律规定的权限和程序可以征收集体所有的土地和组织、个人的房屋以及其他不动产。明晰了征收农村集体土地和组织、个人的房屋及其他不动产之目的。《中华人民共和国土地管理法》第二条第四款规定，国家为了公共利益的需要，可以依法对土地实行征收或者征用并给予补偿。对征地的公共利益性作出了明确规定。按通俗观点，公共利益是指能够在一定程度上满足所有人生存、需要、享受和发展所必需的某些社会条件或公共利益的资源或条件，具有普遍性、抽象性和多样性的特点。公共利益的普遍性，主要表现在公共利益必须符合所有人或者某特定范围大多数人的利益，而当受益主体是某一具体的人或者某一特定的人时则不宜认为是公共利益；公益利益的抽象性，主要表现在公共利益由不同的行为主体在不同的领域表现出来，但其基本特征仍然是抽象的、概括的；公共利益的多样性体现在经济社会生活的各个方面，但主要体现在国防、外交、交通水利电力设施、科教文化事业、社会福利等诸多方面。

《国有土地上房屋征收与补偿条例》对公共利益范围作了列举加兜底的规定，其中包括以下六个方面的内容：一是国防和外交的需要，二是由政府组织的能源、交通和水利等基础设施建设的需要，三是由政府组织实施的保障性安居工程建设的需要，四是由政府组织实施的科技、教育、文化、卫生、体育、环境和资源保护、防灾减灾、文物保护、社会福利等公益事业的需要，五是由政府依照城乡规划法有关规定组织实施的对危房集中、基础设施落后等地段进行旧城区改建的需要，六是法律、行政法规所规定的其他公共利益的需要。在实践中，行政管理和司法认定大多以国务院《国有土地上房屋征收与补偿条例》为依据，明确对农村土地的征收必须出于公共利益的需要，在兼顾耕地保护和国家建设需求中寻求动态平衡，并执行非常严格的计划、用途和审批管理，以确保征用农村土地的公共利益。即使征后用于工业仓储与住宅商服也是服务于工业化和城镇化建设需要，具有公共利益性，可以看成对公共利益的广义的和符合目的的解释。

（二）切实保护被征地农民利益

土地征收制度是土地基本制度之一，也是现代国家协调公共利益与个人权益之间冲突的必要手段。在中国共产党一贯坚持的执政为民理念下，在农村征地的制度安排、政策设计和具体操作上都将“以人为本”落到了实处，切实维护了被征地农民的利益。

1. 切实保护耕地，保障国家粮食安全和农民饭碗

《中共中央　国务院关于加强耕地保护和改进占补平衡的意见》（中发〔2017〕4号）之（一）“指导思想”中明确指出，坚守土地公有制性质不改变、耕地红线不突破、农民利益不受损三条底线，坚持最严格的耕地保护制度和最严格的节约用地制度，像保护大熊猫一样保护耕地，着力加强耕地数量、质量、生态“三位一体”保护，着力加强耕地管控、建设、激励多措并举保护，采取更加有力措施，依法加强耕地占补平衡规范管理，落实藏粮于地、藏粮于技战略，提高粮食综合生产能力，保障国家粮食安全。国家粮食安全与农民饭碗息息相关，但都取决于对耕地的依法切实保护，以党和国家的意志保障土地数量、质量与生态，将“民以食为天”的精神融入执政和行政行为中。与此同时，突出对基本农田的重点保护，《中共中央　国务院关于加强耕地保护和改进占补平衡的意见》（中发〔2017〕4号）之（五）对“严格永久基本农田划定和保护”作出了规定，明确指出永久基本农田一经划定，任何单位和个人不得擅自占用或改变用途。强化永久基本农田对各项建设布局的约束，各地区各有关部门在编制城乡建设、基础设施、生态建设等相关规划，推进多规合一过程中，应当与永久基本农田布局充分衔接，原则上不得突破永久基本农田边界。一般建设项目不得占用永久基本农田。在具体实践中，考虑到重大建设项目选址确实难以避让永久基本农田，因此在可行性研究阶段，必须对占用的必要性、合理性和补划方案的可行性进行严格论证，需通过自然资源部用地预审、农用地转用和土地征收依法依规报国务院批准。严禁擅自调整县乡土地利用总体规划，规避占用永久基本农田审批。

2. 落实征地补偿制度，保障被征地农民利益

我国宪法和法律均对农村土地征用补偿作出了原则性规定，行政法规、部委规章和地方性法规对农村土地征用补偿也作出了相对具体的规定。2019年8月，全国人大审议通过对《中华人民共和国土地管理法》进

行第三次修正，其中对征地制度进行了全面修改，第四十五条、第四十六条、第四十七条、第四十八条分别对征地目的、征收范围、征收程序、补偿内容及补偿标准等作出了新的规定。新修正的《中华人民共和国土地管理法》吸收了征地制度改革试点中得到的宝贵经验，以法律保障协调了国家行政权与农民土地财产权之间的关系，切实保障了农民的利益。《国务院关于深化改革严格土地管理的决定》（国发〔2004〕28 号）之“三、完善征地补偿和安置制度”中对完善征地补偿办法、妥善安置被征地农民、健全征地程序、加强对征地实施过程监管作出了规定，在该文件之（十二）“完善征地补偿办法”中强调，县级以上地方人民政府要采取切实措施，使被征地农民生活水平不因征地而降低。要保证依法足额和及时支付土地补偿费、安置补助费以及地上附着物和青苗补偿费。依照现行法律规定支付土地补偿费和安置补助费，尚不能使被征地农民保持原有生活水平的，不足以支付因征地而导致无地农民社会保障费用的，省、自治区、直辖市人民政府应当批准增加安置补助费。土地补偿费和安置补助费的总和达到法定上限，尚不足以使被征地农民保持原有生活水平的，当地人民政府可以用国有土地有偿使用收入予以补贴。省、自治区、直辖市人民政府要制订并公布各市县征地的统一年产值标准或区片综合地价，征地补偿做到同地同价，国家重点建设项目必须将征地费用足额列入概算。大中型水利、水电工程建设征地的补偿费标准和移民安置办法，由国务院另行规定。

3. *妥善安置被征地农民*

《国务院关于深化改革严格土地管理的决定》（国发〔2004〕28 号）之（十三）对妥善安置被征地农民作出了明确规定，县级以上地方人民政府应当制定具体办法，使被征地农民的长远生计有保障。对有稳定收益的项目，农民可以经依法批准的建设用地土地使用权入股。在城市规划区内，当地人民政府应当将因征地而导致无地的农民，纳入城镇就业体系，并建立社会保障制度；在城市规划区外，征收农民集体所有土地时，当地人民政府要在本行政区域内为被征地农民留有必要的耕作土地或安排相应的工作岗位；对不具备基本生产生活条件的无地农民，应当异地移民安置。劳动和社会保障部门要会同有关部门尽快提出建立被征地农民的就业培训和社会保障制度的指导性意见。上述区分类型、区别情况的政策安排为被征地农民的妥善安置、生存发展、就业保障作出了切实安排，彰显了以人为本精神和执政为民情怀。

二、中国征地制度的演变

自中华人民共和国成立以来，我国征地制度大致经历了从计划经济和重工业优先发展的政府绝对主导、低价补偿阶段，到改革开放新时期逐步调整征地程序和补偿标准阶段，再到新时代推动城乡土地要素市场化配置和健全土地增值收益分配机制等阶段。在这一历史演进过程中，征地补偿标准从产值倍数法向区片综合地价补偿法转变，利益倾向从国家绝对主导向保障国家建设、公共利益并兼顾农民合法权益转变，征地程序从政府按照需求以公共利益名义任意征收向界定公共利益与规范政府征地行为转变，呈现出比较明显的阶段性特征。具体来说，我国征地制度的变迁大致可划分为如下四个阶段。

（一）第一阶段：1949—1978 年

中华人民共和国成立后，为适应社会主义革命和建设的需要，基于新生政权极高的政治威望和全民高度的公有制意识，在计划经济和优先发展重工业的价值取向下，我国的土地征用呈现出明显的低成本特征，为国家基础设施建设和工业体系建设提供了土地保障。

1950 年，以巩固革命成果和新生政权为目的，《中华人民共和国土地改革法》明确提出了“土地的没收和征收”政策。为了尽快摆脱贫穷落后的状况，我国积极学习苏联经济发展和国家建设的经验，建立了高度集中的计划经济体制，确立了优先发展重工业和建设初步的国民经济体系的发展方向，自 1953 年起相继实施了两个国民经济发展“五年计划”。为保障经济建设对土地的迫切需求，国家设计形成了当时的征地制度。1953 年，《国家建设征用土地办法》初步规定了征用土地的程序和补偿标准，明确在征地过程中既要保障国家建设所必需的土地，又要照顾当地人民的利益，妥善安置被征地单位和个人的生产与生活，以“最近三年至五年产量的总值为标准”对被征地人进行土地补偿。

1954 年，《中华人民共和国宪法》明确规定，国家为了公共利益的需要，可以依照法律规定的条件，对城乡土地和其他生产资料实行征购、征用或者收归国有。1958 年，《国家建设征用土地办法》（修正）将补偿标准调至“最近二年至四年的定产量的总值”，这一政策一直延续了 20 多年。实行这一政策的考量主要在于：第一，国家大规模的工业建设刚刚起步，征地用途以国防建设、厂矿建设、交通建设、水利建设等关系国家和人民切身利益的工程设施建设为主；第二，在人民公社化运动后，除了极少数边远地区未入社农民外，农村土地等生产资料已经实行了高度的公有制；第三，经过土改、“一化三改造”等教育运动的持续洗礼，全民的社会主义思想觉悟普遍提高，人民当家作主的意识极大增强，支持国家建设的热情空前高涨。上述条件使征地的公共利益属性和较低补偿标准得到了人民的广泛认同，这为征地制度的创设和保持低交易成本运行奠定了民意基础与现实基础。

（二）第二阶段：1978—1998 年

改革开放后，随着市场经济的兴起与发展和工业化的快速推进，人们对土地价值的认识日益提升，群体利益和社会思想观念也呈现多元化，征地制度的普遍社会共识不断减弱，交易成本持续攀升并进入高成本维持阶段，引发局部的被动政策调整。其原因在于：一是合理主张个人经济利益使征地制度隐含的公共利益高于个体利益的价值导向受到严峻挑战；二是征地用途逐步扩大到开发区建设、营利性企业建设，土地市场价值明显高企，征地受益群体与被征地对象不重叠的现象更为明显；三是体制机制因素加剧了城乡发展与居民收入失衡，农民群体心态发生变化。因此，国家和地方政府将不得不被动地进行政策调整。1982 年，《国家建设征用土地条例》细化征地程序、审批权限和补偿标准等具体内容，征地补偿标准小幅回升至 3~6 倍土地年产值，同时规定土地补偿费和安置补助费总和不得超过被征土地年产值的20倍。实践表明，单纯以提高补偿标准为主要内容的被动政策调整虽然在短期内缓解了制度交易成本上升的压力，但是无法从根本上解决征地矛盾，甚至导致早期被征地农民因补偿变化而带来“老问题、新矛盾”，征地制度进入高交易成本维持状态。

（三）第三阶段：1998—2012年

1998年以来，随着市场经济加速发展和城镇化快速推进，我国经济保持高速增长。相对粗放的发展模式和相关制度设计的不足，致使征地规模不断扩大，制度交易成本急剧攀升，征地问题成为社会冲突的主要生长点和最激烈的矛盾生长点。2003—2004年，在有关土地问题的上访信件中，因征地纠纷引起的占60.1%（于建嵘，2006）；2003年以来，因征地引发冲突和群体性事件的频率呈上升趋势（刘守英，2014）。在日益严峻的征地矛盾冲突形势下，原国土资源部成立“征地制度改革研究”课题组，自2001年起在全国先后启动两批征地制度改革试点，探索可行的征地补偿标准、安置方式和管理程序，但均未涉及更深层次的征地范围问题。2003年，党的十六届三中全会提出征地改革的方向是按照保障农民权益、控制征地规模的原则，改革征地制度，完善征地程序。严格界定公益性和经营性建设用地，征地时必须符合土地利用总体规划和用途管制，及时给予农民合理补偿。《中华人民共和国宪法修正案》（2004年）正式区分土地征用与土地征收，将“国家为了公共利益的需要，可以依照法律规定对土地实行征用”修改为“国家为了公共利益的需要，可以依照法律规定对土地实行征收或者征用并给予补偿”。同年，对《中华人民共和国土地管理法》进行适宪性修改，国务院发布《关于深化改革严格土地管理的决定》（国发〔2004〕28号）。2007年，《中华人民共和国物权法》（已废止）明确规定，除征地补偿费用外，还应安排被征地农民的社会保障费用。为落实2008年党的十七届三中全会提出的“改革征地制度，严格界定公益性和经营性建设用地，逐步缩小征地范围，完善征地补偿机制”要求，2010年，国土资源部在11个城市启动了新一轮征地制度改革试点，开始缩小征地范围。

随着市场经济特别是城市房地产市场的快速发展，征地规模持续扩大，地方政府对土地财政的依赖程度越来越高。征地制度的高交易成本已成为影响社会稳定的主要因素之一，征地制度“要改”的社会共识逐渐高涨，如何“改”的社会共识也逐渐增强。从国家层面来看，征地政策的改革已经取得了一定的成效，但总体上仍处于被动调整阶段，主要是通过地方和个别试点探索征地范围、征地补偿、安置方式等方面的改革。这些改革虽然成效有限，但在一定程度上缓解了征地矛盾的深化，形成了改革的社会共识，为后续大规模深化改革奠定了基础。

（四）第四阶段：2012 年至今

党的十八大正式宣告中国特色社会主义进入新时代。在新时代，随着经济增长速度下降、土地“发动机”功能弱化、城乡发展差距拉大等一系列现实问题，建设现代市场经济体系和推动高质量发展成为主题，征地制度改革的社会共识不断凝聚，土地增值收益共享的社会共识得到确立。

党的十八大提出“改革征地制度，提高农民在土地增值收益中的分配比例”，首次在中央层面明确农民应该分享土地增值收益，为形成以公平正义为导向，构建统筹国家与农民利益的土地增值收益分配新秩序奠定了基础。党的十八届三中全会提出建立城乡统一的建设用地市场，在符合规划和用途管制的前提下，允许农村集体经营性建设用地出让、租赁、入股，实行与国有土地同等入市、同权同价。缩小征地范围，规范征地程序，完善被征地农民合理、规范、多元化的保障机制。国家征地制度改革发生了重大政策转向，开始注重通过土地自由流动和平等交换让农民更多地分享土地增值收益。2014 年 12 月 31 日，中共中央办公厅、国务院办公厅印发《关于农村土地征收、集体经营性建设用地入市、宅基地制度改革试点工作的意见》。2015 年 2 月 27 日，全国人民代表大会常务委员会授权国务院在 33 个县（市、区）开展农村土地制度改革三项工作试点，征地制度改革进入中央顶层设计和基层实践探索相结合的新时期。2015—2018 年，农村土地制度改革三项试点工作从独立运行转向统筹联动，以探索积累系统性、整体性和协同性更好的改革成果。2019 年，《中华人民共和国土地管理法》修正，将一些具有较高社会共识的改革经验通过法律形式固定下来，如明确界定公共利益范围，以区片综合地价法代替产值倍数法，保障被征地农民的知情权和参与权。一些还比较缺乏社会共识的内容，如成片开发用地的公共利益性质、市场化补偿价格以及是否彻底实现国有和集体土地同权同价等问题，继续在实践试点中摸索可行做法。《中华人民共和国土地管理法》修正后，国家根据构建新发展格局的要求提出深化征地制度改革的新一轮总体部署和顶层设计，继续推进土地要素市场化配置改革，加快建立健全城乡统一建设用地市场。2020 年，党的十九届五中全会提出建立土地征收公共利益用地认定机制，缩小了征地范围。同年，自然资源部向社会公开征求征地分期开发标准意见，并正式发布标准，明确了征地分期开发的基本原则、要求、流程和红线。在此期间，征地范围得到较好控制，从 2012 年的 517764. 28 公顷下降到 2017 年的 288269. 01 公顷，整地价格逐步作为征地补偿的主要基准，征地程序日趋规范，地方政府征地行为受到有力约束，征地制度交易成本降低。

三、征地制度改革现状

国家对于征地制度改革工作一直以来都高度重视。我国现行法律对农村土地征收制度不同程度地予以规制，为我国农村土地征收和流转制度提供了法律规范。如《中华人民共和国宪法》第十条规定，城市的土地属于国家所有。农村和城市郊区的土地，除由法律规定属于国家所有的以外，属于集体所有；宅基地和自留地、自留山，也属于集体所有。《中华人民共和国土地管理法》第四条规定，国家实行土地用途管制制度。国家编制土地利用总体规划，规定土地用途，将土地分为农用地、建设用地和未利用地。严格限制农用地转为建设用地，控制建设用地总量，对耕地实行特殊保护。前款所称农用地是指直接用于农业生产的土地，包括耕地、林地、草地、农田水利用地、养殖水面等；建设用地是指建造建筑物、构筑物的土地，包括城乡住宅和公共设施用地、工矿用地、交通水利设施用地、旅游用地、军事设施用地等；未利用地是指农用地和建设用地以外的土地。使用土地的单位和个人必须严格按照土地利用总体规划确定的用途使用土地，明确了我国实行严格的土地用途管制内容和范围。第十五条规定，各级人民政府应当依据国民经济和社会发展规划、国土整治和资源环境保护的要求、土地供给能力以及各项建设对土地的需求，组织编制土地利用总体规划。土地利用总体规划的规划期限由国务院规定，这对土地利用总体规划的制定主体、制定依据、考量因素、制定程序等作出了明确规定，为平衡建设用地需要和保护耕地提供了法律遵循。

在相关法规政策的指导下，我国征地制度改革机制开始发生转变。党的十八大以来，征地制度改革深入推进，在改革目标和价值取向上，征地制度开始超越政策制定的工具理性，积极回应土地制度的价值理性，重塑土地增值收益分配格局；在改革内容上，更加注重改革的系统性、整体性和协同性，在建立城乡统一土地要素市场框架下，统筹征地、集体经营性建设用地入市和宅基地制度改革，全面推进征地范围、补偿标准和征地程序改革；在改革推进方式上，更加注重顶层设计和基层探索相结合，中央指明改革总体方向与底线原则，通过授权地方进行创新试点。试点地区将农民的土地权利保障、农村集体土地征收制度改革、新情况下农村土地征地法律体系构建等提到了亟须解决的高度，为我国农村土地征收制度改革创新提供了有利条件。

第二节　征地制度改革与农民土地财产权关系

在我国经济社会发展和国家建设过程中，不可避免地需要大量土地资源的支撑，这就需要调整与转移土地资源权利，从而与土地资源的使用相匹配。征地作为调整土地资源利用、促进国家工业化和城市化发展的重要手段，征地过程实质是集体丧失对该土地拥有所有权的过程。从征收的本质对财产权利产生影响的角度来看，征地制度与农民土地财产权关系体现在以下两个层面。

首先，土地财产权的保护是征地制度的一般前提。实行土地征收是为公共利益服务，满足最广大人民群众的利益，在国家广泛而又深入地介入农村地权关系下，需依据相关法律规则推进征地制度改革。新修正的《中华人民共和国土地管理法》在征地制度方面，提出缩小征地范围、调整规范土地征收程序等内容，明确了征地只能是为了公共利益的需要，非公共利益需要不得征收土地；并对原来征地中的“两公告一登记”程序进行调整，增加征地前的社会稳定风险评估、听证等环节，要求申请人只有在发布公告、听取意见、签订协议后才能申请征地，保障了被征地者的知情权、参与权。由此可见，公共利益是土地征用存在的依据，在此过程中，保证征地程序的正当性以及土地补偿的合理性是维护农民土地财产权、促进征地制度改革顺利推进的前提。一方面，正当程序不仅在保障个人的一般权利和自由方面发挥着关键作用，在保护财产权利、限制政府恣意行使征收权上也设定了严格的规则，正当程序对这一行政权力产生影响，土地征收权的行使被限定并按事先设计好的公正合理的程序进行。同时，这种程序能缓解征地者与被征地者之间的矛盾，使土地征收权的强制性以缓和方式体现出来，不仅强化了被征地者对征用的服从感、认同感，而且可以使土地征用具有合法性、相对性和稳定性。另一方面，合理补偿是土地征用的核心和关键。土地征用补偿是基于保障公民财产权提出的，涉及所有权人的根本利益，体现土地权利在不同主体之间的分割与变换，是财富分配的一种重要形式。合理的补偿不仅有利于土地权利的实现，而且有利于土地征用的顺利进行。

其次，土地征收对农民土地财产权的实现产生了限制。《中华人民共和国民法典》第二百六十六条规定，私人对其合法的收入、房屋、生活用品、生产工具、原材料等不动产和动产享有所有权。这意味着财产权人在法定范围内有权依自己的意志行使所有权。作为农民的财产，农民理应对自己的土地财产享有相应的权利，包括土地的所有权、使用权、收益权、处分权等，但在具体实践中，土地征收的强制性却对农民土地财产权的实现产生了限制。一方面，征收导致了土地所有权的永久性转移；另一方面，征地对土地上私人所有的不动产等造成了限制。土地征收过程不仅导致农民丧失了对其经营的集体土地的使用权，还对附着于土地上的建筑物等私有财产产生了限制。

第三节　征地制度改革与农民土地财产权发展中存在的问题

我国征地制度以集体所有制为基础，虽然近年来通过试点在征地补偿的标准制定、安置方式多样化、征地程序规范化、农民生活长效保障机制等方面完善了集体所有制的各项法律规定，并出台了相关配套政策，但在征地制度下农民土地财产权的发展仍存在以下几个方面的问题。

一、产权主体模糊

“农民集体”是一个较为抽象的概念。我国宪法规定农村土地归集体所有，《中华人民共和国民法典》第二百六十一条规定，农民集体所有的不动产和动产，属于本集体成员集体所有。《中华人民共和国土地管理法》进一步明确了这三个主体，农民集体所有的土地依法属于村农民集体所有的，由村集体经济组织或者村民委员会经营、管理；已经分别属于村内两个以上农村集体经济组织的农民集体所有的，由村内各该农村集体经济组织或者村民小组经营、管理；已经属于乡（镇）农民集体所有的，由乡（镇）农村集体经济组织经营、管理。但在征地补偿的规定中，只明确了补偿对象为“农村集体经济组织”，这种产权主体的不明晰导致相关利益主体的经济权益难以界定，农民的生产积极性降低，甚至在土地征收后引发补偿分配纠纷等问题。

二、用益物权不完整

《中华人民共和国宪法》和《中华人民共和国土地管理法》规定：任何单位和个人不得侵占、买卖或者以其他形式非法转让土地。土地使用权可以依法转让。这意味着国家禁止买卖土地，集体对土地的处分权是指在所有权基础上的土地承包经营权和建设用地使用权的流转问题。依据现行法律规定，根据现行法律规定，乡镇企业、乡（镇）村公共设施、公益事业、农村村民住宅等乡（镇）村建设用地，以及土地利用总体规划、城乡规划确定为工业、商业等经营性用途，并经依法登记的集体经营性建设用地，按规定办理审批手续后，土地使用权可以依法转让，其余情形下集体土地要通过征收进入一级土地市场。土地被征收后，农民便丧失了土地的发展权，仅能够获得基于农业生产价值的微薄补偿。由此看来，农民集体拥有土地所有权却无权处置土地，农村劳动力与土地之间的关系似乎被打破，但由于缺乏完整的用益物权，土地如何合理利用在民事法律上仍存在保障缺位。

例如，对于农村土地制度存在的宅基地使用权相关问题，虽然《中华人民共和国民法典》明确规定了宅基地使用权的权能包括占有和使用，且相较于国有土地使用权人有期限的使用权，宅基地使用权人一旦合法取得初始宅基地使用权，其对宅基地的占有便没有明确期限。同时，宅基地使用权用益物权化改造后既不能担保、抵押，也不能在本集体经济组织成员之外出租或者转让，这种不完整的用益物权堵塞了农民获取财产性收入的渠道。具体体现在两个方面。一是宅基地使用权的收益功能并未充分发挥。完善收益权能是宅基地使用权用益物权化改造的最重要目标之一，而《中华人民共和国民法典》未就宅基地使用权的收益权能作出明确规定，实践中宅基地使用权流转并未真正进入市场，农民的财产权益也未能得到实质的体现。二是宅基地使用权的处分权能缺失。宅基地使用权人虽然只享有宅基地的使用权，但对建造在宅基地上的房屋或其他构造物则享有所有权，而房、地作为不可分的组合整体，宅基地使用权人如果有权处分其房屋或其他构造物，则必然会牵涉宅基地使用权的处分，究竟应当坚持“房随地走”还是“地随房走”目前还存在较大争议。

三、集体土地使用权流转问题

《中华人民共和国宪法》规定，城市的土地属于国家所有。农村和城市郊区的土地，除由法律规定属于国家所有的以外，属于集体所有。这就意味着集体土地的所有权难以和国有土地一样进行流转，建设项目用地也无法直接和农村集体经济组织进行协商。因此，集体土地使用权流转便成了国家征用土地进行建设的唯一合法途径。农村集体土地使用权流转指的是集体建设用地使用权的转换，主要包括农用土地和集体建设土地。虽然相关法律明确规定农村集体土地使用权可以采取出租、转让、入股和抵押等流转方式，但由于缺乏完善健全的管理制度，农用地以及集体建设用地的使用权流转仍存在诸多问题。

首先，农用地流转存在以下几个方面的问题。一是限制条件多。《中华人民共和国农村土地承包法》（2009 年）规定耕地的承包期为 30 年；在承包期内，对个别农户之间承包的耕地进行调整的，必须经本集体组织成员的村民会议 2/3 以上成员或 2/3 以上村民代表同意，并报上级主管部门批准。该法第四十八条规定“发包方将农村土地发包给本集体经济组织以外的单位或者个人承包，应当事先经本集体经济组织成员的村民会议三分之二以上成员或者三分之二以上村民代表的同意，并报乡（镇）人民政府批准”。这些规定给农村土地流转设置了两道门槛，增加了土地流转难度和程序性成本，在客观上阻碍了农村劳动力向城镇的转移。二是流转费用高。目前，全国每亩耕地的平均流转费已普遍超过平均亩产粮食收益，使得土地流转陷入两难境地：要加快农业人口转移，推进城市化，就要促进农村土地流转集中以实现农村土地规模经营，但流转费过高，致使一半以上改种经济作物，威胁国家粮食安全。该现状使部分农业投资者因流转费用过高而难以持续长期投资，既不利于扩大土地规模和农业规模经营发展，也不利于国家粮食安全。

同时，农村集体建设用地流转也存在一些现实问题，较为突出的是宅基地流转问题。虽然我国农村已形成“一户一宅”“无偿、无期限”“限制流转”（宅基地使用权只能在集体组织内部流转）的宅基地使用制度，但大多农户拥有两处甚至多处住宅；加之大量农村劳动力进城务工，有相当一部分人的住房长期空置、无人居住。因而，只允许宅基地的使用权在集体组织内部流转的制度必然会造成无租户，或只能得到少量租金的局面，导致宅基地使用权作为农民进城资本难以实现，阻碍了人口城市化。

四、城乡土地需求存在结构性矛盾

从实际情况来看，城市用地紧缺的趋势明显，且在现阶段难以有效缓解。尽管新修正的《中华人民共和国土地管理法》通过明确公共利益范围、提高征地补偿标准、调整征地程序等方式对征地制度进行了实质性修改，但征地制度在实践中仍面临诸多问题。

一方面，在征地范围上，对非公益征地未作出明确界定。新修正的《中华人民共和国土地管理法》对属于公共利益需要征地的范围作出了限定，明确了六种因公共利益需要征地的情形，但法律对“公共利益”的内涵没有明确界定，也没有明确提出“公共利益”与“非公共利益”的区分标准，立法的模糊直接导致实践中对“公共利益”内涵的严重背离。例如，国家虽规定“在土地利用总体规划确定的城镇建设用地范围内，经省级以上人民政府批准由县级以上地方人民政府组织实施的成片开发建设需要用地的，可以依法实施征收”，但成片开发建设等非公益性用地的性质及目的无法准确辨别，如果建设项目具有经营性质，这显然有悖于《中华人民共和国宪法》规定的为公共利益征用土地原则，也给地方政府利用征收权进行成片开发，实现新城建设、旧城改造等不完全符合公共利益的目的留下了空间，难以保证征地的公平合理性。由此看来，以经营性建设为目的的集体土地征收不仅会继续存在，而且会披上公共利益的合法外衣，变得更加隐蔽。

另一方面，征地补偿标准仍然偏低。新修正的《中华人民共和国土地管理法》第四十八条对征地补偿标准提出了要求，规定被征地农民必须得到公平合理的补偿，确保农民现有生活水平不降低。该法的修正应能更加有效地保障农民的土地使用权，为农民带来更多的财产性收入，提高农民在城市定居的能力，而不是为了生活水平不降低退而求其次。该条还规定，征地补偿标准由政府确定，并对公布的区域制定综合地价。随着城乡统一建设用地市场的出现和土地市场价格的发展，政府依法制定的区域综合地价难以作为征地补偿标准，而是依据等价交换、逐步提高的原则，最终以市场价格为土地补偿标准。

第四节　征地制度的改革方向与政策建议

一、完善农村土地产权

农村土地征收不仅是农用地用途改变的过程，也是国家城市化、工业化进程中土地资源的重新配置过程，农村土地产权残缺必然导致分配效率的低下。作为农村土地制度的核心，土地产权制度是否完善不仅直接关系到农业自身的发展，也影响着“农地非农化”过程中土地资源的配置效率，进而影响城市的经济发展。因此，完善农村土地产权至关重要。

首先，应当明确农村集体土地所有权的主体和所有权实现方式，赋予农村集体土地完整的用益物权，即占有、使用、收益和处置的权利。在坚持现有集体所有权制度不变的前提下，进一步增强农村土地所有权主体的独立性，实现对国家所有权、集体所有权、私有权一体保护。其次，应着力提高土地的财产性，保障农民的土地财产权。在“三权分置”改革背景下，农村土地进入土地一级市场已是大势所趋，农村土地使用权市场化运作不仅可以给农民带来更高的利益，也可以在很大程度上限制政府行政征收的范围，有效保护农民的土地产权。因此，在符合规划的前提下，应使集体土地与国有土地享有同等权利，推动土地由“养老保险”和“社会保险”功能向财产功能转变，促进农村转移人口通过流转土地拓宽财产收入渠道。这样既能让进入城市的农村劳动力带着财产进城，又能实现土地的规模经营，提高土地的财产性，从根本上保障农民的土地财产权。

此外，针对当前农村土地制度存在的宅基地使用权问题，我国还应积极探索宅基地的跨集体组织流动，研究盘活自留地、自留山的措施和办法，最大限度地提高土地的财产性，增加农民的财产性收入。

二、严格界定公共利益

公共利益既是征收的前提也是征收的目的。党的十七届三中全会明确提出改革征地制度，严格界定公益性和经营性建设用地，逐步缩小征地范围，完善征地补偿机制，这为在实践中防止公共利益受到侵害、切实发挥其作用提供了指引。然而，在现行法律框架下，公共利益的确切含义和范围仍不明确。例如，征用土地进行商业开发是否符合公共利益仍存在争议，导致被征地农民的权益得不到保障。

为落实中央的决策部署和改革措施，征地制度改革不仅要以保障被征地农民权益、提高补偿标准为目标，还要向建立城乡统一的土地要素市场迈进，立足城镇化、新型工业化和乡村振兴的客观要求，更精确地界定征地公共利益的内涵和范围，从而提高土地要素市场化配置水平，改变土地权属的分配和征收方式。根据《中华人民共和国立法法》规定的立法权限和程序，征地公共利益的含义和范围既可以先通过国务院行政法规予以明确，也可以在时机成熟时通过修改《中华人民共和国土地管理法》等方式予以解决，但无论如何解决，都必须从现实需求出发，对经营性工业开发区用地、住宅商服建设用地的公共利益性用法律方式予以明确，进而将“以政府组织实施”这样一个模糊且容易造成歧义的界定予以解决，使行政行为和司法实务在法律上有明确遵循。

三、调整经营模式，完善征地补偿安置方法与标准

征地经营模式的改革主要涉及以下几个方面的问题：一是保护耕地与保障经济社会发展对土地需求的平衡，二是维护被征地农民利益与转变农业生产经营模式的协调，三是经济社会变革与适应新时期发展需要、保障粮食安全和生态环境建设的协调。解决这些问题，要通过改革征地模式与方式实现。

首先，要强化征地制度改革价值共识的形成。深化征地制度改革的核心是建立符合高质量发展和实现共同富裕的土地增值收益分配机制与模式，合理调整多元主体的利益诉求和发展要求。因而，在社会利益持续分化、个体理性与公共理性冲突的背景下，土地制度创新必须特别关注制度背后的非正式规则和价值共识的引导，以维系和巩固个体与个体、个体与社会之间的合作秩序，实现公共管理的基本追求。一方面，把促进公平公

正、全民共享土地增值收益作为相关制度设计的核心价值理念，以新时期公平正义、共同发展的理念指导征地制度改革的顶层设计，从而避免改革陷入部分集团利益或局部利益的非理性博弈；另一方面，以社会公正基本理念为基础，逐步增强对于土地增值收益分配格局与实现机制的共识，以此凝聚改革合力，形成有效的社会合作。

其次，在实践中调整以家庭承包经营为主的双层经营模式，着力推进土地集约化经营。在征地制度改革中，加大对农民财产权的保护力度，明确和完善被征地农民的土地补偿费、安置补助费以及其他补偿等待遇，建立更加科学的计算方法和补偿标准体系。同时，可参照三峡工程对搬迁移民的后续补偿方式，建立健全征收农村集体土地为国有土地的有偿出让收益对被征地农民的长期后续补偿机制，有效平衡区域发展需要与农民权益保障、城市健康发展与乡村全面振兴之间的关系，寻求多元群体利益诉求之间的“最大公约数”。

四、以破解土地流转推动产业结构调整

“三农”问题历来是治国安邦要解决的首要问题。在推进新型城镇化、新型工业化的进程中，促进农业生产经营方式转变、推进农业产业结构调整依然是乡村振兴的首要课题和现实难题。在当前双层经营模式和土地承包经营权长期不变的背景下，实施产业结构调整必然需要破解土地流转制度存在的各种问题。

首先，扩大承包地流转范围。应进一步消除土地流转的制度障碍，扩大土地流转范围。政府不应强迫进城农民放弃土地承包权，也不应限制土地承包权的流转，应允许农村土地承包权通过集体经济组织流转，促进传统村落的改造与整合，将农村集体经济组织建设成产权明晰、自主经营、开放竞争的市场化经济实体。

其次，放活建设用地。放宽对建设用地入市限制，扩大集体建设用地入市范围，允许其在法律政策范围内进入住宅用地市场，形成住宅用地多元供给格局。建议将超出农民住房需求的部分生活用地调整为经营性建设用地，择机进入土地市场，扩大城镇建设用地供应规模，以有效遏制城镇

房价过快上涨，降低农民市民化门槛。

最后，调整农业组织结构。按照市场经济的要求，在继续实施强农惠农政策、加大农业财政性投入的同时，大力推进农业生产组织结构调整，因地制宜地发展农民专业合作社、家庭农场等新型农业产业组织，使产业结构适应市场需求，发展特色优势产业，增强农业的风险承受能力和综合竞争优势。

第四章 农村集体建设用地改革与农民土地财产权

第一节 农村集体建设用地改革概况

一、农村集体建设用地概念

依据现行《中华人民共和国宪法》《中华人民共和国土地管理法》以及其他法律法规的规定，中国的土地所有制分为国有制和集体所有制，集体土地包括含耕地在内的农用地和集体建设用地。本章所论述的农村集体建设用地分为农村集体经营性建设用地、公共设施和公益事业建设用地、农村居民宅基地（宅基地改革与农民土地财产权相关内容见第六章）等。中国实行严格的土地用途管制制度，故本节以集体建设用地之作用来阐明农村集体建设用地之概念。

根据用地分类，集体建设用地主要用于以下四个方面。一是用于建设农村居民住宅，满足本集体经济组织个人住宅建设用地需求，严格实行“一户一宅”原则，兴建、改建、异地搬迁都必须经过严格的审批程序，保障农民“户有所居”。二是用于建设乡（镇）村（社区）公益事业、公用设施，提高乡村公共服务供给水平。公益事业主要是养老、医疗、教育、文化、体育、健身等公共事业，如修建合作医疗室、养老院等；公共设施主要是道路、水利等有利于生产生活但农村居民家庭、个人无法单独建设的设施。用于建设宅基地、公共设施和公益事业，主要强调了农村集体建设用地的社会保障功能。三是用于集体经济组织或与其他单位、个人以集体经营性建设用地使用权入股、联营方式兴办企业。四是通过出让、租赁、作价（出资）入股等方式流转集体经营性建设用地，向集体成员分配流转收益，促进农村产业发展，壮大集体经济，鼓励探索农村一二三产业融合发展供地模式、建设保障性租赁住房等。用于兴办村企、入市流转，主要强调了农村集体建设用地的经济功能，从而提升农村社会保障质量。

二、农村集体建设用地改革的演变

农村集体建设用地改革缘起于20世纪90年代中后期苏州、芜湖等地区的实践，1996年，苏州市出台了《苏州市农村集体存量建设用地使用权流转管理暂行办法》；1999年，国土资源部批准芜湖市开展农民集体所有建设用地使用权流转试点。自此，各地开始试行农村集体建设用地使用权流转、管理等政策与制度，《中华人民共和国土地管理法》（2019年修正）允许集体经营性建设用地入市，取得显著的改革阶段性成效。纵观改革演变过程，本书认为农村集体建设用地改革主要经历了奠定改革的制度基础、开启改革的地方试点、明确改革的路径走向、完善改革的制度体系4个阶段，其间发生12个标志性事件，如图4-1所示。

（一）奠定制度基础阶段（1986—1995年）

集体建设用地改革试行建立在土地管理行政机构、土地使用权限制松动的基础上。1986年，国务院组建了国家土地管理局。1988年修正的《中华人民共和国宪法》允许土地使用权依法流转。国家土地管理局的设立和土地使用权流转根本法律限制的取消，催化了国有建设用地市场的形成。1990年，《中华人民共和国城镇国有土地使用权出让和转让暂行条例》的颁布实施，标志着国有建设用地市场基本形成。《中华人民共和国宪法》（1988年）对土地使用权流转的法律修正，虽未区分国有建设用地和集体建设用地，但集体建设用地使用权流转一直受到限制。主要原因在于以下几点。一是土地作用的差异。国有建设用地主要集中在城镇区域，为城市建设和经济发展提供用地支撑；集体建设用地主要集中在村、镇，对集体

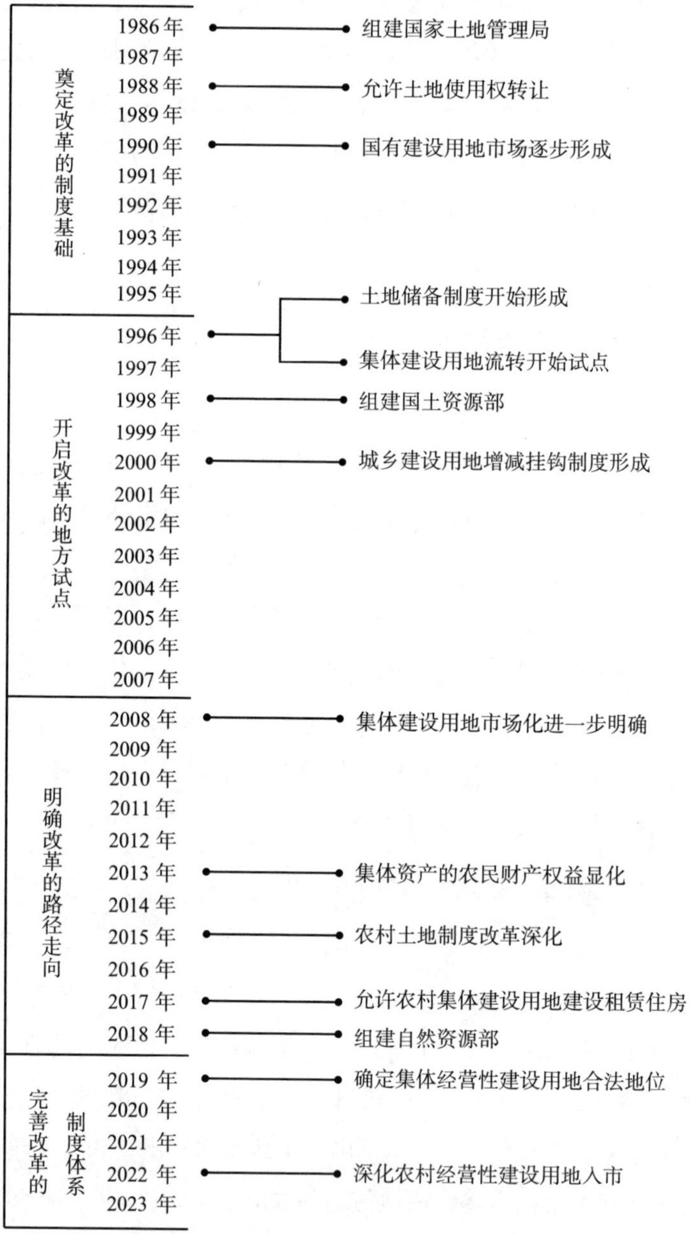

图 4-1　农村集体建设用地演变历程

成员发挥社会保障和经济的双重功能。二是流转管理的差异。国有建设用地的所有权主体是国家，其供求关系在一级土地市场呈垄断姿态，因此，其土地市场在地方政府和社会资本的推动下快速建立、成熟；集体建设用地的所有权主体和行使主体是数量庞大的农民集体与集体经济组织，市场环境下集体经济组织的管理运营能力存在差异，集体建设用地的社会保障功能、农村的社会秩序会受到冲击。三是城市发展的客观需要。自 1978 年改革开放在农村拉开序幕，改革重心逐渐转移到城市，通过对集体建设用地使用权流转的限制，能够保证城市建设用地的数量、质量与成本，粗放型的城市化进程对集体建设用地市场和农村发展造成了严重的限制。但是，国家土地管理局的设立和根本大法对土地使用权流转的修正，仍为集体建设用地改革奠定了制度基础。

（二）开启地方试点阶段（1996—2007 年）

集体建设用地改革试行的推动，主要依靠国有建设用地市场化的影响及土地市场作用下形成的集体建设用地隐形市场。为了规范管理隐形市场中集体建设用地使用权无序、非法流转等问题，1996 年的苏州实践后，中央与地方政府开始通过多轮的试点实践，总结集体建设用地使用权管理的政策和法律。但是，在城乡二元体制下的城镇化进程中，城市建设发展需要的国有建设用地和乡村发展需要的集体建设用地存在难以协调的冲突，允许农村集体建设用地使用权流转入市，必然会冲击地方政府对一级土地市场的垄断。土地市场建设有两项重要的基础性制度，分别是土地储备制度和城乡建设用地增减挂钩制度，它们是集体建设用地改革过程中协调冲突的关键。1996 年，上海市成立全国首家土地储备机构，经过杭州、南通、青岛、武汉等地区的试行，2001 年，《国务院关于加强国有土地资产管理的通知》（国发〔2001〕15 号）首次明确提出有条件的地方政府要对建设用地试行收购储备制度，标志着土地储备制度正式形成。土地储备制度进一步确认与强化了国家和地方政府在城市建设一级土地市场中的垄断供地位，保证城市规划的实施，实现国有土地资产的增值以撬动地方政府和城市建设融资，推动城市不断发展。与此同时，改革开放以来的粗放型快速城镇化导致非农建设占用土地的规模越来越大，速度越来越快，逐渐逼近土地用途管制的根本控制性指标——耕地保有量。为了保护耕地，缓解建设用地供需矛盾，2000 年，出台的《国土资源部关于加强耕地保护促进经济发展若干政策措施的通知》（国土资发〔2000〕408 号），提出要实行建设用地指标置换政策，增减挂钩的本质是从存量要增量，即从农村集体建设用地中获得城镇建设用地的指标增量，同时确保耕地的总量不减。增减挂钩在一定程度上解决了城市发展的土地指标瓶颈，保障了经济发展和粮食安全，但其间集体建设用地的减少不可避免地对农民居住保障和经济发展产生负面影响。为此，中央与各地方政府在增减挂钩试点中多次强调探索集体建设用地流转方式，为农村集体经济发展预留空间，促进农业适度规模经营和农村集体经济发展。

（三）明确路径走向阶段（2008—2018 年）

集体建设用地改革的演变过程中有三个关键转折点。一是 2008 年党的十七届三中全会首次提出了“集体经营性建设用地”，区别于《中华人民共和国土地管理法》（2004 年）中的用于公共设施和公益事业建设的建设用地，并要求建立城乡统一的建设用地市场，意味着中央政府明确集体建设用地可以有条件入市，完成从资源性资产到经营性资产的转化。二是 2013 年党的十八届三中全会提出了积极发展农民股份合作，赋予农民对集体资产股份占有、收益、有偿退出及抵押、担保、继承权，并从 2014 年开始推进农民股份合作和农村集体资产股份权能改革试点，显化了农村集体建设用地上农民土地财产权益。三是 2015 年开启的农村土地征收、集体经营性建设用地入市、宅基地管理制度改革。“三块地”改革在农村土地制度改革的顶层设计下，结合地方实际有针对性地进行了集体经营性建设用地入市改革，其实践经验为《中华人民共和国土地管理法》（2019 年）的修正奠定了坚实基础。

（四）完善制度体系阶段（2019 年至今）

《中华人民共和国土地管理法》中，对于集体建设用地使用权条款的修正是农村集体建设用地改革试点的重要成果。在吸收了前期改革试点成熟做法的前提下，允许集体经营性建设用地入市，同时，使用权人依法取得的使用权可以转让、互换、出资赠与或抵押，标志着集体经营性建设用地的一级土地市场和二级土地市场开放得到历史性确立。至此，农村集体建设用地改革试点取得显著阶段性成效，但城乡建设用地市场间仍存在较大差距。为建立健全城乡统一的建设用地市场，促进城乡融合发展和乡村振兴，2023 年，自然资源部办公厅印发《深化农村集体经营性建设用地入市试点工作方案》，开启新一轮深化改革试点。本节第四部分将具体阐述农村集体经营性建设用地入市改革现状。

三、农村集体建设用地改革的核心思想

（一）土地资源资产化：完善农村集体建设用地资产结构

集体建设用地和国有建设用地本质上都是具有同样效用的土地资产，由改革历程分析，集体建设用地使用权流转受到限制的最主要的原因在于乡村人口的生产资料保障，以及城市向外扩张发展的用地需求。在集体建设用地限制于村民宅基地、乡村公共设施以及乡镇（集体）企业建设用地时，集体建设用地的资产性很难得到体现。所以，自 20 世纪末的小范围改革试行拉开了集体建设用地潜在资产分配的序幕，到 2023 年构建起集体建设用地多主体、多层级的资产结构，是集体建设用地资源资产化的过程。在改革试行之初，并未对集体建设用地作详细的性质区分，部分试点地区，乡镇企业、村庄公共设施、公益事业占地，甚至村庄合并、宅基地整理后新增的集体建设用地都可以入市，一方面，集体建设用地使用权流转改革步子迈得大，为乡村建设用地乱象以及后来的性质区分埋下种子；另一方面，集体建设用地使用权流转的确切范围有限，整体上受到缺乏法律保障、土地储备制度和城乡建设用地挂钩制度的限制，但仍初步形成了以土地实体、指标为核心的一级资产结构，以及地方政府、集体经济组织、流入企业（组织）的三级主体结构。随着 2008 年的“集体经营性建设用地”提出，开始着力构建以土地实体、指标及土地使用权为核心的二级资产结构；2013 年试行的农民股份合作与农村集体资产股份权能改革，进一步明晰和强化了集体建设用地使用权流转利益主体结构中的农民个体地位。2019 年，《中华人民共和国土地管理法》确立了使用权人依法取得的

使用权可以转让、互换、出资赠与或抵押，标志着集体经营性建设用地的二级资产结构形成；建立集体经营性建设用地入市土地增值收益分配机制，标志着利益主体结构中农民集体、农民个体的进一步显化。

（二）土地要素市场化：建立城乡统一的建设用地市场

集体建设用地由不允许入市到限制入市，再到允许直接入市，其入市方式与范围的不断扩大，是集体建设用地市场化的过程。集体经营性建设用地的提出，明确地将经营性建设用地与宅基地、公益性建设用地区分开来，既强调了集体建设用地用于保障乡村人口居住、生活资料的必要性，又完成了集体建设用地由资源性资产向经营性资产转化的第一步，并以此作为建立城乡统一的建设用地市场的第一步。在节约集约用地原则的指导下，盘活存量建设用地是发展建设用地市场的总基调，集体经营性建设用地的入市范围也被限定在“存量集体经营性建设用地”。主要原因有三个方面。其一，将入市范围限定在“存量土地”，就是限制宅基地、公益性建设用地以及农用地转向集体经营性建设用地，有效缓冲集体经营性建设用地入市主体的复杂性、经营管理能力的差异性以及利益寻租的可能性，避免影响农民生存保障与生活保障，陷入农村土地制度改革的社会风险。其二，依据土地利用总体规划，集体经营性建设用地入市范围的扩大，必定影响国有建设用地市场、集体土地征收以及城乡建设用地增减挂钩的实施效果，入市范围集中在存量经营性建设用地，可以更加稳定地接入国有建设用地市场，维持整个土地市场的稳定发展。其三，城乡统一建设用地市场的建立健全，有赖于资本向乡村集聚，允许增量集体经营性建设用地直接入市，有可能造成集体建设用地粗放型、随意性开发利用，难以解决乡村历史遗留问题、优化乡村布局规划，致使集体经营性建设用地的市场价值、市场竞争力难以提高。唯有盘活存量建设用地，优化乡村土地布局与设施配备，才能提升集体建设用地的价值，构建“同地同价同权”的城乡统一建设用地市场。

（三）土地收益共享化：构建土地增值收益分配机制

集体建设用地改革试行之初，各地就探索了土地流转收益分配的原则与比例。例如，苏州市从集体土地流转收益的总价款中提取30%缴纳给政府，剩余70%归农民集体所有，缴纳给政府的30%，由市政府按流转面积核定额收取1.5元/平方米，剩余部分按3∶7由县政府、乡镇政府分成。由此可见，我国的集体建设用地使用权流转收益其实包含了：①反映资源配置要求的集体建设用地收益，②反映产权要求的集体建设用地收益。前者是遵循市场配置、经济效率的市场收益，后者是反映土地收入再分配的收益。其中，又体现了我国集体建设用地流转收益形成的两种机制：①收益形成计划机制，政府以指令性计划的形成，指定和调整产品、要素及服务价格在内的机理及其影响经济运行的功能；②收益形成市场机制，即指产品、要素和服务在市场价值规律、供求规律和竞争规律等的支配下，各相关因素相互联系、相互推动形成价格的内在机理及调节经济运行的功能（赵辉，2008）。因此，集体建设用地使用权流转的本质要求之一即为共享土地收益，在改革进程中，对农民进行等价补偿或收益分配的基准逐渐从土地原有用途价值转向土地规划用途价值与土地增值，扩大集体建设用地资源配置收益，完善收益形成市场机制；不断深化股份制赋予农民"分红权"，规范集体建设用地产权收益，优化收益形成计划机制。在计划与市场的基础上，构建城乡共享的土地增值收益分配机制。

四、农村集体建设用地改革现状

2023年，农村集体建设用地改革正式进入深化集体经营性建设用地入市试点。此次试点在全国范围内优先选择了300余个农村宅基地制度改革试点地区、国家城乡融合发展试验区以及农村改革试验区等县（市、区、旗）。坚持"二三二"原则，从农村土地制度改革的整体方向，进一步明确集体经营性建设用地的入市范围、土地用途、入市方式和程序、监管环节，完善农村集体经营性建设用地入市制度体系。

（一）抓住"两项前置条件"

加快完成国土空间规划编制，尤其是实用性村庄规划。以集体经营性建设用地入市为契机，盘点零星分散存量建设用地，在村庄、乡镇、县市区规划中统筹不同区位、不同用途、不同性质的集体建设用地，平衡区域发展的利益。完成集体土地所有权和使用权确权登记，强化集体建设用地的集体所有权，助力发展村集体经济，明确各使用主体的使用权，保护市场交易主体的权利。

（二）紧盯“三项负面清单”

管住集体经营性建设用地入市范围与用途的口子。①不能通过农用地转为新增建设用地入市。在集体建设用地入市试点中，存在部分地区借土地整治将农用地转为新增建设用地，以提升经营性建设用地的规整程度、区位优势，这种行为极大地侵害了耕地利用与粮食安全。②禁止将宅基地纳入入市范围。区分用于农民基本房屋保障的宅基地建设用地和用于农民增收、农村发展的经营性建设用地，保护农民的基本居住保障免受市场侵害。住房始终是民生的重大问题，入市的集体经营性建设用地可否用于建设住房，关乎农民住房保障、新型城镇化的质量以及农村产业可持续发展等关键问题。③入市土地不得用于商品住宅开发。在城镇化进程中，房地产是撬动城市土地市场与土地财政的重要杠杆，集体经营性建设用地允许入市对房地产市场的供求关系会产生极大的不稳定影响。所以，在城乡建设用地尚未真正实现“同地、同价、同权、同责”的情况下，禁止商品住宅开发可以暂时为农村建设用地培育相对良性的市场环境。同时，集体经营性建设用地入市可以优化农村产业结构，吸引大量劳动力返乡入乡，农村人口集聚导致农村住房需求激增。2017 年，国土资源部、住房和城乡建设部曾在北京、上海、广州等 13 个城市开展集体建设用地租赁住房试点工作，是为了缓解城镇化进程中新市民旺盛的住房租赁需求。而 2023 年的深化改革试点继续鼓励建设保障性租赁住房，既为解决新市民住房困难问题，也为“返乡入乡”的劳动力集聚产生的农村住房需求预留了空间。

（三）探索“两项重点机制”

构建兼顾国家、集体和农民个人的入市土地增值收益调节机制。目前，大多数试点地区制定了建设用地基准地价，常见的调节机制有一级市场以成交总价款核定调节金、二级市场以增值收益核定调节金，部分地区采用直接核定，部分地区采用分级累进，或两种核定方式结合使用。同时，为了放活集体经营性建设用地的二级市场，部分地区前置区分了净地转让与非净地转让，后者的调节金征收比例小于前者。保护农民集体和个人权益、保障市场主体效用、会用入市土地的权益保护机制。农民参与的实质及程序，与集体经营性建设用地入市的效率相协调；社会资本进入基础设施配备相对不够完善的乡村集体经营性建设用地市场的主动性、积极性；农民集体、村集体经济组织和入市主体的共同权利维护效果，始终是评价集体经营性建设用地入市改革成效的三大关键标准。此次深化改革，要求健全信息发布制度，充分调动农民、集体经济组织和市场主体参与入市的积极性，提高社会各界的参与感和获得感，促进农村集体经营性建设用地市场的培育和发展。通过强化合同管理，建立三方监管协议制度，严格按合同约定的相关权利义务进行土地开发、利用和经营。

第二节　农村集体建设用地与农民土地财产权的关系

一、农村集体建设用地所有权权能体系

农民土地财产权以集体土地所有权为基础。所有权是所有人对所有物全面支配的物权，通常表现为若干具体的形式（陈华彬，2018），正如《中华人民共和国民法典》第二百四十条规定，所有权人对自己的不动产或动产，依法享有占有、使用、收益和处分的权利。占有、使用、收益和处分即所有权的主要权能。农村土地实行集体所有制，集体所有的不动产和动产均属本集体“成员集体所有”，集体建设用地是成员集体所有的主要不动产之一。在集体建设用地上，农民集体和个人有权进行非农业生产建设，此为集体建设用地使用权。集体建设用地使用权是用益物权，即集体建设用地使用权人依法对农民集体所有的建设用地享有占有、使用和收益的权利，有权利用该土地建造建筑物、构筑物及其附属设施。集体建设用地使用权区别于所有权中的使用权能，是农民土地财产权实现的重要前

提。由于所有权主体“成员集体”（或称“农民集体”）在现实中没有对应载体，农村集体建设用地所有权由行使主体“集体经济组织”代为行使，农民土地财产权从农民（集体成员）、集体经济组织分而论之。

（一）占有权能

占有权能，指对财产直接加以控制的实际能力，只要能对财产进行实际控制即可成立。一般情况下，所有权的行使以占有为前提，即所有与占有合二为一。当集体建设用地处于未开发闲置状态，或用于村办企业、村公共设施建设使用等情形，集体建设用地的所有与占有主体都是农民集体。集体经营性建设用地从农民集体流转至其他主体的过程，其占有权能的变更是农民集体行使其所有权的体现。

占有权能在一定条件下可与所有权分离。集体建设用地对集体成员同时发挥着社会保障功能和经济功能，例如，集体建设用地用于村民建造住宅及其附属设施、允许集体经营性建设用地入市。可见，农村集体建设用地市场化改革中对入市形式、范围等的实践，也是对占有权能与所有权分离条件的探索。

（二）使用权能

使用权能的行使以占有为前提，指依所有物的性能或用途，不变更所有物性质而满足生产和生活需要的权能。所有权中的使用权能可与所有权分离，使用人可依法律规定或与所有人的约定，有偿或无偿地取得物的使用权能。同时，建设用地使用权作为单独设立的用益物权，其使用权人可依法对国家所有的土地享有占有、使用和收益的权利，有权利用该土地建造建筑物、构筑物及其附属设施，但不得变更法律与合同约定的土地用途。综上所述，所有权中的使用权能和建设用地使用权是建设用地市场形成的依据。

1990 年，《中华人民共和国城镇国有土地使用权出让和转让暂行条例》的颁布实施标志着国有建设用地市场逐步建立。同时期，集体建设用地也形成大量隐形市场，为解决集体建设用地无序、自发流转的问题，地方政府开启集体建设用地使用权流转的改革探索。在改革实践中，集体建设用地使用权流转的范围逐渐扩大、形式多样化且逐渐规范，直至2019年修正的《中华人民共和国土地管理法》允许集体经营性建设用地入市，并要求以“同地同权同责”的原则建立健全城乡统一的建设用地市场。兼具经济和社会保障功能是农村集体经营性建设用地的重要特征。因此，建设用地“同地同权”须就农村集体建设用地的土地用途、农村发展等保留部分限制，以免集体建设用地市场不成熟时资本会损害农民利益，例如，农村集体经营性建设用地不可用于商品住宅开发。可见，相较于国有建设用地使用权，集体建设用地使用权是不完整的。

（三）收益权能

收益权能，指收取基于该物所生的新增经济价值的权能。集体建设用地所有权的收益权能也可与所有权相分离，同时，集体建设用地使用权也涵盖收益权能。因此，集体建设用地所有权主体（包括集体成员和集体经济组织）、使用权主体都可依法获得收益。在集体经营性建设用地流转过程中，集体经济组织代表农民集体取得流转收益，一部分用于村集体成员收益分配，这是农民作为集体成员应享有的权利；另一部分由村集体经济组织提留，按照壮大集体经济原则用于村集体建设发展，这是村集体经济组织代表农民集体管理、经营村集体资产的成本所需；除此以外，村集体经济组织还需要向地方政府缴纳土地增值收益调节金，以优先用于协调地方农业、农村发展。

集体经营性建设用地流转后，使用权人除依照法律、合同约定的要求开发建设取得相应收益外，其使用权还可以通过转让、互换、出租、作价（出资）入股、抵押等方式进行再转让，以获取收益。可见，集体建设用地所有权主体和使用权主体均享有收取基于该用地所得利益的能力。

（四）处分权能

处分权能是所有权的核心内容，是所有权最重要、最基本的权能，指依法对物进行处置，从而决定物的命运的权能。处分权能可分为事实上的处分权能和法律上的处分权能，事实上的处分权能指对标的物进行实质变更或消灭，法律上的处分权能则是通过法律行为转移标的物的所有权或对其设定物权。

集体建设用地所有权行使主体“集体经济组织”享有充分的处分权能。首先，集体经济组织有使用权流转的处分权。其次，集体经济组织有使用权收回的处分权，根据《中华人民共和国土地管理法》（2019 年）第六十六条第一款规定，有下列情形之一的，农村集体经济组织报经原批准用地的人民政府批准，可以收回土地使用权：（一）为乡（镇）村公共设施和公益事业建设，需要使用土地的；（二）不按照批准的用途使用土地的；（三）因撤销、迁移等原因而停止使用土地的。此外，在集体经营性建设用地入市签订的书面合同上，需载明提前收回的条件和补偿方式，若收回其使用权则须依照双方签订的书面合同办理。

集体建设用地使用权主体享有一定的处分权能。使用权人可以通过转让、互换、出租、作价（出资）入股、抵押等方式转移集体建设用地使用权。农民作为集体成员不享有实质的处分权能，但是集体成员作为农民集体的构成，集体经济组织的处分行为应当依照法定程序经本集体成员决定，并向集体成员公布集体财产的状况，且集体成员有权查阅、复制相关资料。

（五）管理权能和分配权能

综上所述，村集体经济组织是集体建设用地所有权的行使主体，但是农民集体所有在法律、经济和政治上的重要内涵，决定了农民集体、集体成员和村集体经济组织是互相赋予意义的架构。因此，在农民集体和村集体经济组织间衍生出管理权能，在集体成员和村集体经济组织间衍生出分配权能。

村集体经济组织行使占有、使用、收益和处分权能，以集体建设用地所有权管理权能为前提。集体建设用地是资源性资产，其通过使用权流转可变为经营性资产。村集体经济组织应当管理、经营本集体所有资产，将资源性资产更多、更优地转化为经营性资产，通过公平合理的分配，在壮大集体经济的同时为集体成员创富增收，此为村集体经济组织在管理权能下的分配权能。此外，集体成员作为农民集体的构成，应当依法监督集体经济组织在管理权能下的占有、使用、收益和处分行为，避免村集体经济组织偏离农民集体的整体利益而追求组织或个人利益，是集体土地对集体成员发挥经济功能和社会保障功能的良性过程。

二、集体建设用地相关的农民土地财产权

农民作为权利主体具有法律上的多重身份，一是农村集体组织成员，具有特定的身份性；二是一般性的市场经济主体，是司法意义上的民事主体。

（一）作为农村集体组织成员享有的土地财产权

作为农村集体组织成员，农民在集体建设用地上享有法定的集体成员权，并以土地集体所有权的物权形式为基础拥有土地财产权。首先，农民作为集体成员不享有实质的、直接的占有权能、使用权能与处分权能，农民以共益权为基础，即以集体的利益为目的而行使的权利，通过集体成员权的核心权利之决定权、知情权，即农民作为集体成员对集体事务和集体资产的使用、收益和处分等通过民主程序依法确定，并知悉和获取信息的权利，行使对集体建设用地的处分权能和管理权能。集体经济组织的处分行为应当依照法定程序经本集体成员决定，并向集体成员公布集体财产的状况，且集体成员有权查阅、复制相关资料，是集体成员通过决定权与知情权行使一定处分权能和管理权能的事实体现。

农民也以私益权为基础，即以自身利益为目的而行使的权利，通过集体利益分配请求权，即集体成员依照已经确定的集体资产分配方案要求分配和实现的权利，行使对集体经营性建设用地的收益权能和分配权能。各地所探索的土地增值收益分配机制，就是在保障集体成员对集体建设用地资产收益“有份可分”的基础上，进一步实现收益权能中的“有钱可分”以及分配权能中的“分得公平”。同时，集体经营性建设用地流转及经营收益的分配又要先经过集体成员决定是否分配和具体分配方案，集体成员只能依据具体的分配方案请求获得个人应有的份额，否则无权要求进行分配，体现了收益权能与分配权能的实现，反过来确定了处分权能与管理权能。因此，基于土地集体所有权的农民土地财产权，系建立在一定的处分权能和管理权能基础上，与收益权能和分配权能互相实现。

（二）作为市场经济主体享有的土地财产权

作为市场经济主体，农民享有市场经营权和签约权，通过签订集体经营性建设用地使用权流转合同享有约定的建设用地物权性的使用权能、收益权能以及债权性的使用权能。允许集体经营性建设用地直接入市，取消了过去集体建设用地只能用于兴办乡镇企业、乡村公共设施和公益事业建设的限制，个体农民也可以组织或法人的形式成为集体经营性建设用地使用权人，通过实际的土地经营管理获取收益，实现土地使用权能与收益权能；也可以通过转让、互换、出资赠与或抵押依法获得的建设用地使用权获取收益，实现债权性的使用权能。市场经济的建设用地使用权流转，主要体现的是民事的契约关系，所以农民个体作为使用权人，有权对流转合同约定的集体经营性建设用地进行建设（包括对地上建筑物的实质变更或消灭）、经营、管理以及对其享有的建设用地使用权再次流转，以上均为行使处分权能的体现。

第三节　农村集体建设用地改革与农民土地财产权发展中存在的问题

一、建设用地管理缺乏规划指导

违法用地现象相对比较严重。违法用地现象可以总结为以下情况：①有的乡（镇）公益事业公共设施用地手续不完备，甚至根本没有申请将农用地转化为集体建设用地；②部分乡村私分宅基地，个别乡（镇）、村（社区）干部甚至纵容、包庇亲属或者家属违法占地建房；③部分乡（镇）村民宅基地超标，甚至“一户多宅”；④部分乡（镇）存在以宅基地之名行商业开发之实；⑤有些地方片面强调“以地生财”和大办工业区、开发区，造成建设用地无序扩张；⑥部分乡（镇）村（社区）经营性土地被私租、私转、私卖或者“长租代卖”；⑦一些集体建设用地使用者擅自改变土地用途，甚至少批多用。土地利用总体规划和土地利用计划具有法定性，必须依法定权限、程序制定、修改和审批。部分乡（镇）没有严格遵循土地利用总体规划和土地利用年度计划，或者虽然遵循，但没有根据乡村振兴和新农村建设的实际需要对集体建设用地作出科学、合理、高效的使用安排，导致村镇建设普遍缺乏规划，造成集体建设用地利用率低且整体效果较差。

二、建设用地管理监管力度不足

建设用地征地费规范管理和使用不到位。征地是改变土地性质和用途的主要形式，国家为了公共利用的需要将集体土地通过征地变为国有土地，相应地要产生征地费，乡村振兴和新农村建设需要取得和使用集体建设用地，也要产生土地使用费，但相当部分乡（镇）村（社区）对这些费用的管理和使用并未完全按法律法规、政策进行，不公开、不透明，甚至引发严重违纪和犯罪，使集体经济组织和村民利益受损，引起群众上访闹事，严重影响农村稳定。这种问题往往是因为土地监管执法不够严格、不够到位。对集体建设用地监管和执法应当贯穿集体建设用地的取得、使用和流转的全过程，但现有土地监管执法体制和执法力量还不满足这些客观需要，事前监管和事中监管普遍较为缺乏，就连事后监管与执法也很不到位，“小产权”的产生和疯狂生长、集体建设用地的混乱与之关系重大。

三、农村社会经济发展受到制约

集体建设用地管理不严格、不规范和使用混乱，影响农村稳定和可持续发展，进而影响乡村振兴的顺利推进，主要表现在以下几个方面。①集体建设用地利用率不高导致发展空间不足。农村住宅空置，农村居民点无序扩张，无限制不规范设立工业区、开发区等造成农村土地粗放利用和过度浪费，导致真正能用于发展的土地不足，限制了发展空间。②土地问题导致的不稳定问题越来越多。土地分配不公、使用不当，拉大了农村新的贫富差距，产生了有别于以往违法用地之“怪现象”，即越是经济建设用地需求大，征用土地数量多的乡（镇）村（社区）越容易出现不稳定因素。违法用地问题已经成为扰乱农村社会经济秩序、影响农村稳定与发展的瓶颈性问题。③乡（镇）村（社区）建设与用地规划未能有效对接。“有新房无新村”的现象相对较为普遍。一些地方建了不少新房，但缺乏整体规划，既不利于形成规模和节约高效利用土地，也无以保存乡村文化，显得杂乱无章。④集体建设用地没有科学、合理、高效使用，导致农村集体经济组织小且发展后劲不足。集体建设用地是农村集体经济组织发展的最重要资源和要素，由于多方面原因，相当部分村（社区）尤其是偏远的村（社区）集体建设用地使用效率低下，用地无办法，发展无门路，导致集体经济发展严重滞后并且后劲不足。

四、农民土地财产权意识淡薄

对集体建设用地的含义和作用认识不清楚、宣传不到位。集体建设用地具有很强的集体属性，有些基层干部对此观念陈旧、意识淡薄，忽略集体建设用地属性和严格用途管制具体规定，随意处置只有使用权的集体建设用地。同时，对集体建设用地管理制度和集体建设用地规划、审批等不宣传或者宣传不到位，导致村民知晓度不高，监督约束不到位。

第四节　农村集体建设用地的改革方向与政策建议

一、立足乡村振兴完善集体建设用地改革

坚持农业农村优先发展战略，切实巩固农业基础地位，是我国执政兴国的根本国策。推进以“产业兴旺、生态宜居、乡风文明、治理有效、生活富裕”为目标的乡村振兴战略实施，是振兴乡村的必由之路。实施乡村振兴战略之根本目的是推进农业农村现代化，提升乡村建设的整体水平。集体建设用地改革的主要功能在于提高集体建设用地的集约化水平和使用效率，增加乡（镇）村（社区）集体经济组织实力和农民财产性收入。一是解决集体建设用地利用率不高导致发展空间不足的问题。采取切实政策措施解决农村住宅空置，农村居民点无序扩张，无限制不规范设立工业

区、开发区等造成农村土地粗放利用和过度浪费问题，按照城乡一体化要求，解决乡村振兴中的用地需求。二是用改革的措施和办法解决土地分配不公、使用不当，拉大了农村新的贫富差距问题。加强集体建设用地监管和执法，依法解决违法用地扰乱农村社会经济秩序和影响农村发展稳定问题。三是推进集体建设用地计划与乡村建设规划有效对接。规划是建设的先导，提升规划的科学化程度和设计的前瞻性，解决“有新房无新村”问题，提升乡村建设现代化水平和文明程度。四是将用好、用活集体建设用地作为发展集体经济组织实力的着力点和根本出路。解决集体建设用地科学、合理、高效使用水平不高导致农村集体经济组织规模小且发展后劲不足的问题。如以产业结构调整为着力点，合理利用集体建设经营性用地发展农产品加工业、物流业等，增强农村集体经济组织实力，利用集体经济组织资金发展农村公益事业，改善农村公益设施。五是推进城乡统一土地使用权交易市场改革。推进农村集体经营性建设用地入市改革，坚持“同地同权同责”原则，在符合规划、用途管制和依法取得的前提下，在城乡统一的市场中交易，适用相同的规则。可以探索以集体经济组织为主开发建设公租房、乡村旅游、养老等产业，或者以集体建设用地使用权入股、联营与其他企业合作开发此类产业，增加农民就业机会和农民收入。

二、推进集体建设用地规范化法治化建设

推进集体建设用地规范化法治化建设是破解集体建设用地难题的根本性措施。在乡村振兴过程中，客观存在乡村发展用地供给难、乡村发展用地流转难、乡村发展用地实施难、用地保障制度制定难等问题。要破解这些难题，必须运用法治思维和法治手段，提高建设用地的规范化水平和法治化水平。一是以更新观念标定改革靶点。在制度建设上，坚持系统思维、权利思维和法治思维，以破解城乡二元体制机制为目标，以健全和完善国土空间规划与土地用途管制、土地供应、土地集约节约利用、土地使用审批、土地执法与监督、相关配套保障制度的协调性和具体操作办法为切入点，将规划与落实落地规划作为努力方向和着力点，使改革不偏离方向。二是以权利保障破解乡村发展用地难题。以土地制度运行为主线，加

强过程控制和动态监管。在空间规划上，切实做好新时期乡村规划，开展村级规划编制；在编制主体和编制程序上，保障集体经济组织和农民有效参与，使编制的规划更为科学和切合实际；畅通集体建设用地用途转换必要的自主权，在不违背集体建设用地法律法规和政策的前提下，畅通集体建设用地用途转换机制和决策程序，破解宅基地、公益设施设备用地、经营性用地转换难题，盘活集体建设用地，发挥集体建设用地的最大效用。三是全方位改革集体建设用地制度。经营性建设用地和公益性建设用地在助推乡村振兴战略上既有分工也有配合，高度重视公益性集体建设用地的制度建设和经营性用地上市交易制度建设，畅通各类建设用地之间的转用渠道，激发乡村发展的内生动力。改革宅基地取得和使用制度，在“稳定”和“放活”上寻求动态平衡，探索宅基地“三权分置”的实现办法和形式，适度放活宅基地使用权，着力整治闲置宅基地，在保障农民住有所居的前提下，将闲置宅基地用于乡村发展用地。四是推进集约节约集体建设用地制度建设。按照“控制总量、盘活存量、优化增量和实现减量”的总体要求，在精心谋划和科学规划基础上，对零星、碎片的集体建设用地进行整合、整治和置换，着力提高集体建设用地集约节约化水平，提高土地利用效率。

三、结合经济社会和农村人文特点完善集体建设用地制度改革

集体建设用地改革是一个比较综合的问题和概念，在讨论这项改革时，既要讨论其普遍性问题，如法律制度和政策层面的问题，也要考虑其各地差异性，讨论个别性问题，如根植于各地经济社会发展和农村人文特点，讨论改革的地区适应性问题。结合经济社会和农村人文特征的集体建设用地改革，重点在推进集体建设用地改革完善时要充分注重不同地区经济社会发展的阶段性并着眼于历史传统文明的继承与发展，走出各具特色的乡村发展道路。在讨论这一问题时，可以吸收借鉴《国务院办公厅转发国家发展改革委关于促进特色小镇规范健康发展意见的通知》（国办发〔2020〕33 号）的思路和精神，使各地集体建设用地使用的效果既符合当地发展实际，又富有特色。一是要扎实地开展改革调研，弄清实际情况，

在遵从国家法律法规和政策的前提下，立足当地社会发展阶段性特征和历史人文传统特点，推进多规融合，因地制宜地在乡村振兴总体规划、集体建设用地规划等规划中融入当地的历史文化元素，保证规划的人文特质，避免千篇一律、多地同局。二是在推进公益事业和建设公共设施时，围绕打造宜居、宜业、宜游的新空间要求，叠加现代社区功能，结合教育、医疗、养老整体布局提供公有制公共服务，完善社区服务、商业服务和交通站点，建设便利生活圈。三是立足特色小镇和特色乡村建设，聚力发展主导产业和“一村一品”特色产业，发挥产业比较优势。对集体经营性建设用地进行科学规划和安排，尽可能实行准入制，既保证符合生态环境保护、集约节约用地、发展特色产业要求，又尽显地方特色和地域特征，实现差别化发展，不断推出地方特色与标志产品，增强竞争力。四是在宅基地使用上，切实保护特色民居，在充分考虑集体建设用地实际分配与当地人员配置相匹配的情况下，推进特色居民小区建设，完善现代配套功能，赋予小区更多生命活力与文化元素，以展显中华各民族的文化传统和中国文化自信。

四、进一步提升集体建设用地功能

在我国经济发展进入新常态的新形势下，推进集体建设用地改革要遵循以国内大循环为主体的发展模式要求，深入贯彻落实新发展理念，进一步提升集体建设用地的经济发展和产业承载功能。在总体规划和具体项目安排上，在满足住宅用地、公益建设和公共设施建设用地的同时，要更加注重经营性用地尤其是产业发展用地安排，使集体建设用地具有更强的带动经济发展和增加农民就地就近就业功能。在实施集体建设用地规划时，立足城乡一体化发展和乡村振兴，落实科学发展、高质量发展要求，特别注重经营性建设用地担保等融资功能，拓展农村集体经济组织发展经济的操作空间。在推进城乡经营性建设用地市场化交易试点的基础上，建立全国统一的经营性建设用地交易市场，并用交易取得的收益反哺农业、公益事业和公共设施建设，强化集体经营性建设用地的资本功能。

第五章

宅基地改革与农民土地财产权

第一节　宅基地改革概况

一、中国宅基地改革的演变

一切文明的民族始自土地公有。1853 年 6 月，马克思根据《大莫卧儿、印度斯坦、克什米尔王国等国游记》中的材料指出："贝尔尼埃完全正确地看到，东方的一切现象的基础是不存在土地私有制，这甚至是了解东方天国的一把真正的钥匙。"原始公有制桎梏了生产力的发展，人们的需求得不到满足，因此产生了私有制。土地归农民所有后农业发展达到较高阶段，又成为生产的束缚。进行否定之后达到更高级、更发达的共同占有形式，有利于农村和社会的发展。农村宅基地作为农村集体经济组织为居住在其行政管辖范围内的成员供给的住宅用地，是农村建设用地类型中重要的组成部分且占地规模最大。中华人民共和国成立以来，我国农村宅基地制度伴随经济社会发展的巨大变革经历了多次演变，其中，每个阶段的制度变迁都与国家发展战略及乡村发展情况息息相关。基于产权属性、土地制度、功能划分等方面，本书对宅基地历史变迁作了阶段性的划分，大致包括以下三个阶段。

（一）单一产权阶段（1949—1962 年）

农村宅基地制度改革伴随产权细分而演变。中华人民共和国成立以来，为了尽快恢复社会生产力和保持社会秩序的稳定，党和国家在全国大范围内实行土地改革，废除地主阶级的土地所有制，将土地分发给农民。1950年公布施行的《中华人民共和国土地改革法》废除了封建的土地所有制，实行农民的土地所有制。1952年春季末期，全国完成了大范围的土地改革，3亿农民无偿获得了土地和大批的农业生产资料，为促进农业发展和维持农村稳定提供了最基础的保障，彻底消灭了封建土地所有制。1952年底，中国农村基本完成了土地改革的任务，农民获得了农村土地产权。1951年12月，中共中央通过的《关于农业生产互助合作的决议（草案）》提出，要保护农民的两个积极性，一是个体经济的积极性，二是互助合作的积极性，倡导农民进行生产互助合作。因此，在全国范围内完成了土地改革后，很快就进入了互助合作时期，但这个时期农村的耕地、生产资料和宅基地的所有权仍然归农户所有。1955年7月31日，中共中央通过的《关于农业合作化问题的决议》提出，在1958年之前要在全国范围内建成初级农业生产合作社，但到1956年底，加入高级农业生产合作社的农户就已经达到87.8%，农业社会主义改造提前完成。此时，农村的耕畜、农具与土地等生产工具和生产资料，全部实现了高级社集体所有，生产资料公有制取代了私有制。不过，关于农村宅基地的所有权问题，这一时期的文件和政策中并未明确规定，因此可以看作仍然归农户所有。直到1962年《农村人民公社工作条例修正草案》出台以后，才规定了农村宅基地归生产队所有。在“单一产权”阶段，农村宅基地为农民私有，所有权和使用权“两权合一”，农民可自由流转宅基地，且具有简单的生产、生活功能，因此也可称该阶段为“农户所有阶段”。

（二）“两权分离”阶段（1962—2017年）

农村宅基地制度改革是站在人民的立场和角度进行的，从农民享有土地所有权和使用权的“农户所有”发展到土地所有权归集体所有、使用权归农民所有的“两权分离”制度框架。1962—2017年是农村宅基地制度的“两权分离”阶段，农村宅基地的所有权归农村集体所有，使用权归农户所有，形成我国农村宅基地“两权分离”的制度框架。根据使用权流转开放程度不同，可将本阶段划分为四个时期。

1. 1962—1982 年：农户房屋自由流转时期

1962 年 9 月，《农村人民公社工作条例修正草案》阐释了农村人民公社的组织、性质、规模和生产队的性质、管理、规模，人民公社体制终结后逐渐发展为我国农村集体经济组织。该草案规定，生产队范围内的土地，包括宅基地都归生产队所有，一律不准出租和出卖，但社员的房屋永远归社员所有。至此，农村宅基地所有权归农民的土地制度结束。1963 年，国家曾对宅基地问题作了一些补充规定，并首次提出“宅基地使用权”，宅基地流转确立“地随房走”的原则，形成宅基地“两权分离”的制度初步模型。

2. 1982—1998 年：宅基地使用权自由流转时期

为维护社会主义土地公有制，1982 年，国家颁布了一项较为完整规范的《村镇建房用地管理条例》，统一规划农村土地、规定用地标准、完善审批制度和制定奖惩措施。自 20 世纪 50 年代土地改革以来，土地登记确权中的问题一直存在。1989 年，《关于确定土地权属问题的若干意见》对土地所有权和使用权提出相关规定，对集体所有权进行详细划分，有效缓解了宅基地登记过程中的确权问题。随着国家经济的发展，土地资源的稀缺性和珍贵性逐渐得到体现。1990 年，国家出台《关于加强农村宅基地管理工作的请示》，以抓好土地国情教育，培养珍惜土地意识。1997 年发布《关于进一步加强土地管理切实保护耕地的通知》，首次提倡相对集中建设公寓式楼房，且首次以中央文件的形式正式提出“一户一宅”。

3. 1998—2013 年：宅基地使用权限制流转时期

1999 年，《国务院办公厅关于加强土地转让管理严禁炒卖土地的通知》（国办发〔1999〕39 号）对宅基地上房屋的使用权流转严格限制，宅基地所有权归农村集体所有，房屋只能在本集体内部进行流转。农民不得向城市居民出售房屋，农村集体经济组织也不得批准城市居民在农村建设住宅。2004 年，《国务院关于深化改革严格土地管理的决定》（国发〔2004〕28 号）再一次强调农村宅基地管理的严格性，不得向城镇居民流转宅基地使用权。随着我国城镇化和工业化的发展，国家经济不断向好，宅基地的各种问题日益凸显。2007 年，国家首次对宅基地的法律属性进行明确，确定宅基地的用益物权属性，宅基地流转限制开始得到缓解。

4. 2013—2017 年：宅基地使用权流转试点探索时期

2013 年，国家选择若干试点，稳慎摸索宅基地使用权的抵押、担保和转让等政策，促进农村宅基地制度改革完善。2014 年印发的《关于农村土地征收、集体经营性建设用地入市、宅基地制度改革试点工作的意见》，针对宅基地的原始取得、使用权流转和有偿退出等相关问题选择若干试点改革参考，探索不同区域不同条件下农民住房“户有所居”、“一户一宅”、多种宅基地有偿或自愿退出的典型模式。2016 年，浙江省义乌市改革试点首次提出宅基地农户“资格权”，为我国农村宅基地“三权分置”奠定了制度基础，完善了宅基地的基本制度框架。

宅基地从 1961 年之前的私有化阶段过渡到“两权分离”的探索阶段，宅基地产权在法律上仅为单一的所有权，经历了从自由流转到禁止流转，体现了使用无偿、集体成员占有和固化流通的属性。从改革开放到党的十八大，经历了宅基地“总量控制”到“腾退探索”两个发展阶段，宅基地所有权和使用权逐步分离开来，农民所有演变为集体所有，农民使用演变为集体农户或非农户利用，真正实现了宅基地所有权和使用权“两权分离”，所有权归集体所有。使用权经历了从农户和非农户主体无限制到仅为农户主体的转变，流转制度经历了“禁止流转—宽松流转—限制流转”阶段，且农民的住房保障功能逐渐显化，宅基地流转再次从宽松走向限制。

（三）“三权分置”阶段（2017 年至今）

在“三权分置”阶段，城乡一体化逐步取代城乡二元结构，旧有的生产关系已不能适应生产力的快速发展，宅基地市场化变革、土地集约使用、农民市民化等因素成为“三权分置”改革的重要动力。该阶段，宅基地依然归集体所有，农民享有从使用权中离析出的资格权，多元主体享有使用权。为适应乡村振兴发展战略，国家放活宅基地流转权利，农民的“居者有其屋”功能逐渐弱化，生产空间功能以及资产增值功能充分显化。

农村宅基地从“两权分离”到“三权分置”，是以产权为核心的制度变迁。宅基地“两权分离”是宅基地集体所有权和宅基地使用权分离。随着城乡一体化、农民市民化、农业现代化的加速，“空心村”、空闲宅基地、农村宅基地隐性流转的大量出现，使得“两权分离”土地制度与生产力的发展不相适应。坚持以人民为中心的发展思想是农村宅基地制度改革的突破点和着力点，在保障国家健康发展、维持城乡结构持续良好的前提下，将农村宅基地的权能分离为宅基地集体所有权、资格权和使用权，承担着政治治理功能、居住保障功能和财产价值功能，从而扩大了宅基地的部分权能。2018 年，中共中央、国务院出台《乡村振兴战略规划（2018—2022 年）》，首次以中央文件的形式正式提出农村宅基地“三权分置”，保障农户资格权和农民房屋财产权，审慎推进宅基地试点改革。传统农村、城郊地区、新型农村探索适合本地宅基地发展的模式，坚持顶层设计和基层探索齐驱并进，多地基层进行试点改革，探索形成可复制的规律和经验。2020 年，《深化农村宅基地制度改革试点方案》总结了 2015 年试点改革经验，并部署了新一轮宅基地改革试点。继续深化宅基地确权登记、坚持宅基地农村集体所有权，保障农户资格权和农民房屋财产权，探索宅基地使用权流转的不同形式、盘活利用闲置宅基地等，从不同方面整体推进农村宅基地制度改革。2021 年，中央一号文件要求不断完善和规范宅基地制度，进行房地一体登记，这是乡村振兴的重要手段和有效突破口。2021 年 5 月，义乌市作为改革试点颁发首批 50 个宅基地资格权益凭证，是宅基地“三权分置”的首次创新运用，凸显农村宅基地的财产权利。浙江省义乌市五一村首次实现资格权跨村竞拍，统计数据显示，有 4 个村调剂资格权面积达 6110 平方米，义乌尝到宅基地改革的红利，唤醒“沉睡的资产”，变“死权”为“活权”。浙江省衢州市衢江区开具全国首份生态资源储蓄单，村民刘某某将自己 140 平方米的闲置宅基地使用收益权存入“两山银行”，可每年获得固定收益 5600 元，宅基地实现了抵押、入股、出租、储存的适度放活，在宅基地试点改革过程中变“沉睡资源”为强村富民的“活资产”，是宅基地制度改革不断摸索和创新的体现。

土地处理得当的时候，社会各个方面都会不断改良。基于我国城乡二元结构和城乡户籍制度的特殊国情，探索宅基地所有权、资格权、使用权“三权分置”是现实需求。在以人民为中心的发展思想指导下，“三权分置”弥补了“两权分离”阶段的制度缺陷，不同主体可以享有独立运作宅基地资格权和使用权的权能，满足了人们对于宅基地产权多样化供给关系的需求。推进宅基地“三权分置”改革，是乡村振兴战略的关键突破，也是贯彻落实习近平总书记关于“三农”工作重要论述精神的具体体现。

二、宅基地改革现状

据初步测算，截至2013年底，全国宅基地总面积约为1.7亿亩，占集体建设用地的54%，其中村内宅基地面积约为1.6亿亩，占总体的94%，城市和建制镇内部的农村宅基地面积约为0.1亿亩。现行《中华人民共和国宪法》、《中华人民共和国土地管理法》、《中华人民共和国民法典》分别对宅基地的所有权、用益物权、担保物权等作出了明确规定。我国宅基地制度的基本特点主要有以下几个方面。

（一）集体拥有宅基地所有权

《中华人民共和国宪法》第十条、《中华人民共和国土地管理法》第八条规定宅基地所有权归农民集体所有。集体对宅基地的所有权特征主要表现为：农户宅基地使用权的获得，必须经过村委会批准；当农户不再使用宅基地时，集体可以将其收回；宅基地在整理或指标交易时，主体也是村委会。因此，在宅基地所有权与使用权的实现上，农村集体经济组织绝不仅仅是法律意义上的概念，而是拥有实实在在的支配和控制权力。

（二）农户拥有宅基地使用权和住房所有权

《中华人民共和国民法典》第三百六十二条规定，宅基地使用权人依法对集体所有的土地享有占有和使用的权利，有权依法利用该土地建造住宅及其附属设施。长期以来，我国一直坚持农村房屋由农民所有，农民对房屋的买卖、出租、抵押、典权、转让等权利予以充分保障，并且通过制度设计，不断阻止政府或集体组织对农民房屋财产权的侵犯。因此，在我国广大农村地区，农民对于拥有住房所有权的认知相对一致，也逐渐形成了根深蒂固的观念。

（三）宅基地具有成员身份性和无偿性

根据现行宅基地管理制度，只有农村集体经济组织成员，才有资格申请和使用该村集体经济组织所有的宅基地，而非集体经济组织成员无法获得宅基地。如《中华人民共和国农村集体经济组织法》第十三条第六项明确指出农村集体组织成员享有的权利之一是“依法申请取得宅基地使用权”。这充分说明了宅基地的成员身份性特征。只要是集体组织成员，就可以无偿取得宅基地。由于宅基地只赋予了占有权和使用权，非集体经济组织成员也就无法通过交易和转让获得宅基地，并且即便有这种交易，也不会受到法律保护。同时，福利分配的宅基地属性，也是实行“一户一宅”的主要依据。农民将房屋转让以后，就不能再申请和获得宅基地，因此农民不能将宅基地使用权流转仅限于本集体经济组织内部。

（四）面积法定，严格管理

“面积法定”，是指农村村民一户只能拥有一处宅基地，其宅基地的面积不超过省、自治区、直辖市规定的标准。依据《中华人民共和国土地管理法》第四十四条和第六十二条的规定，村民住宅用地使用存量建设用地的，由县级人民政府审批；使用新增建设用地的，一般由设区的市、自治区人民政府审批。同时，《中华人民共和国土地管理法》第七十七条规定，对未经批准或采取欺骗手段骗取批准，非法占用土地建设住宅的，由县级以上人民政府自然资源主管部门责令退还并限期拆除房屋。这是我国现行农村宅基地使用及管理制度的核心。

（五）限制转让，禁止抵押

依据《中华人民共和国土地管理法》第六十二条第五款规定，农村村民出卖、出租住房后，再申请宅基地的，不予批准。同时，《中华人民共和国民法典》第三百九十九条明确规定，宅基地使用权不得抵押。基于宅基地特定的身份属性和福利属性，《国务院关于深化改革严格土地管理的决定》明确规定，禁止城镇居民在农村购置宅基地。《国务院办公厅关于严格执行有关农村集体建设用地法律和政策的通知》（国办发〔2007〕

71 号）也明确提出，农村住宅用地只能分配给本村村民，城镇居民不得到农村购买宅基地、农民住宅或“小产权房”。

第二节　宅基地改革与农民土地财产权关系

宅基地改革的最终目标是使农民对宅基地拥有完整的财产权。农民的宅基地及其上的房屋其实包含三项权利，即集体对宅基地的所有权、农民对宅基地的使用权和农民对宅基地上房屋的所有权，但是在过去实践中往往对农民的宅基地使用权不够重视，导致在房屋流转过程中可能使农民失去了宅基地使用权。正因如此，既要赋予农民住房的抵押、转让等财产权利，又要避免侵犯农民对宅基地的使用权，因此要把宅基地的所有权和使用权分离，做实农民对宅基地使用权这个用益物权，并赋予其占有、使用、收益、转让的完整权利，为深化农村产权改革奠定基础。

随着城乡市场经济的发展，农民对宅基地用益物权的要求不断提高，改革应当在兼顾效率与公平的前提下，一方面承认并坚持它的生存保障属性，另一方面要重视并实现宅基地的财产属性。当前，宅基地制度强成员权、弱财产权，无法通过市场交易获得宅基地财产权益，尤其是在当前乡村振兴阶段，亟须释放宅基地财产功能。据此，有学者认为当前农村各项土地制度安排中，宅基地制度是最落后的一项，也是最需要突破的一项土地制度。基于此，财产权视角下的相当一部分学者均主张通过产权再造的方式赋予农村土地完整的产权，以充分激活农村土地的财产属性，进而保障农村居民土地财产权利、增加农户财产性收入，同时为城市化发展和农村新业态、新产业发展提供相应的土地空间。

综观既有研究，保障权视角下的宅基地制度改革思路充分考虑了农村土地所承载的社会保障功能及其对农民家庭再生产乃至中国现代化转型所产生的重大战略性意义，主张保持既有制度框架稳定而非全盘否定，注重发挥宅基地闲置的战略性“资源冗余”价值，倾向于在长期的发展中依靠自然力量来解决当前宅基地问题。显然，这一主张在战略价值上是有其积极意义的，但是难以解决当前阶段宅基地闲置浪费、村庄衰败破落等问题，更不符合新时代乡村振兴战略背景下农村居民对美好人居环境的迫切期待。财产权视角下的既有研究，基于农村居民财产性收入有限、城乡居民收入差距这一客观现实，看到了特定区域、特定政策框架下农村土地财产价值显化的可能性。

第三节 宅基地改革与农民土地财产权发展中存在的问题

为了保障农民的居住需要，宅基地制度采用按“户”分配的方式确定使用面积。农民在利益驱动下产生以“分户”的方式谋取额外利益的想法，而户籍管理制度的改革又使这种想法成为可能。“一户多宅”的情况大量出现，不仅造成土地资源的严重浪费，也使部分家庭新增人口无法通过正常渠道申请获得宅基地，容易引发社会矛盾。同时，随着城市化、工业化的不断深入，大量农村人口向城市涌入，尽管有关政策规定不再具有农村居民属性的人口，应当退还宅基地由集体重新分配，但是出于利益角度考量，村民很少会无偿退还宅基地。宅基地被闲置的情况严重。随着农村基础设施的不断完善，城市居民为了缓解生活压力，满足对自然环境、人文环境的需求，也产生了购买农村宅基地的愿望，“宅基地基本无流转”明显不符合市场供求关系理论。隐性流动与交易大量存在却没有相关的法律法规对其进行规范，成为相关法律的一大漏洞。

一、宅基地流转现象普遍，限制政策流于形式

尽管在法律上没有赋予宅基地出租、转让和市场交易权利，但事实上，大量的农村宅基地已经进入隐形市场并且呈普遍化、多样化趋势。尤其是在城中村、经济发达村和城郊村，宅基地上的农房一般以租赁、买卖、合作建房等多种流转形式存在，限制宅基地流转的政策往往流于形式。从经济合理性来看，宅基地自发流转有着十分广泛的市场基础。宅基

地以及闲置农房的隐性入市，不仅解决了农村集体经济组织成员的财产收入问题，也缓解了进城人口的居住压力，降低了城镇化的成本，但是，这种宅基地的自发入市行为与现行法律直接冲突。

二、宅基地的无偿取得和“一户一宅”难以为继

目前，在广大的传统农区，有些农村还在实行“一户一宅”的无偿分配制度。但是近年来随着返乡人员的逐渐增多，不仅对流转承包地进行规模经营有着旺盛的需求，也对农村居住条件有着更高要求。这些人员往往有实力、有能力，还对宅基地有着大量需求。受现有农村集体建设用地使用范围的限制，一些农户发展农家乐、生态庄园等新产业新业态，只能在自己的宅基地或附近修建房屋。还有的农机大户、农民合作社理事长等农村能人，也往往利用自己的房屋和宅基地做办公室、农机库房等，从而导致耕地在农区大量被占用。在沿海地区和广大城乡接合部，随着城镇化进程中土地级差收益的大幅提高，城镇建设用地也越来越紧张，无偿分配宅基地难度越来越大。同时，“一户一宅”在城市化地区的管理更为复杂。随着宅基地在这些地区的价值显化，农民往往在宅基地上大量“种房子”，有的突破了原来审批的宅基地面积，有的突破了各省、自治区、直辖市规定的宅基地上盖的住房面积。

三、宅基地用益物权不完整，分享宅基地增值收益难

按照《中华人民共和国民法典》的规定，农民的宅基地使用权被明确界定为用益物权。中央政策文件一再强调保障农民宅基地用益物权。但一般意义上的用益物权包括占有权、使用权和收益权，而对作为用益物权的宅基地只在法律上予以占有权和使用权的赋权，少了收益权一项。可见，宅基地用益物权在法律表达上存在自相矛盾，以致农民的宅基地用益物权往往受到忽视和侵害。尤其是在一些实施村庄整理、农民集中居住和宅基地换房等政策的地区，农民一般仅仅获得房屋的补偿，而很难分享整理节约出的建设用地的出让收益及增值收益，有的甚至难以弥补农民“上楼”的成本。

四、宅基地的无序扩张不利于村庄建设与城市发展

现行宅基地审批制度环节过多、周期长，不适应农民建房灵活性的需求，导致建房户边报边建、乱占乱建等现象时有发生。由于宅基地使用现状与法律间的冲突，政府对宅基地使用的管理基本处于缺位状态，规划和用途管制无法实施。在政府管制缺位下，农民宅基地的扩张和新房建设更是处于无序状态，甚至有蔓延之势。在农村，宅基地无序扩张严重危害村庄统一规划和建设。在城市，宅基地管理混乱造成城中村的私搭乱建、毫无规划、基础设施和公共服务不足、治理无组织，治安问题严重，与城市形成完全的“两张皮”，因此加大了城市管理成本和未来更新的难度。

五、大量超标准和闲置的宅基地缺乏有效退出机制

我国现行法律对宅基地的取得原则、标准、审批权限和程序作了规定，但宅基地收回政策过于原则性，收回程序和补偿标准缺乏具体规定，导致可操作性不强，更缺乏引导村民主动退出宅基地的有效机制。有关调查显示，“少批多占”“未批先建”等历史遗留问题较多，目前尚无有效的解决方案，导致宅基地资源不能有效配置。

第四节　宅基地的改革方向与政策建议

一、以尊重农民意愿为前提，坚持农民主体地位

土地是农民生产生活中必不可少的生存资料，土地权益是农民最关心的话题，农民与土地有着天然的联系，农民是农村土地制度改革的亲历者，是农村宅基地制度改革中不可缺少的主体。“为了农民的利益而必须牺牲的一些社会资金”，站在资本主义经济的立场，他们可能认为这是无效的投资。但推进宅基地制度改革可以为社会稳定、农村发展、农业良好、农民幸福带来无限回报，以农民为中心的发展是我国农村发展的首要

条件。《乡村振兴战略规划（2018—2022 年）》将农民主体地位列为战略性原则，要求发挥农民在乡村振兴中的主体地位。农民是宅基地制度改革的直接参与者，是改革中宅基地流转、退出、出租、抵押、置换的直接利益相关者，也是改革过程中“一户多宅”、面积超标、违法违建的责任承担者，更是未来宅基地制度改革可持续发展和健康发展至关重要的主体力量。随着农业转移人口市民化进程的加快，农民对宅基地提出制度需求，形成村规民约和约定俗成，为宅基地制度的制定提供参考和借鉴。而一个科学的、以人民为主体的制度安排，能最大限度地保障农民权益。为了更好地探索宅基地“三权分置”，应搭建优化农民主体地位的平台，保障农民参与过程中的知情权、参与权、监督权和受益权，切实落实农民作为宅基地“三权分置”改革过程的主体地位。乡村改革要发动农民群众，农民主体地位是宅基地制度改革取得成效的核心，是乡村振兴战略取得成效的关键。尊重农民意愿是宅基地制度顺利改革的重要一环，农民权益得到根本保障是尊重农民意愿的制胜法宝。乡村发展的关键是一切为了农民、一切依靠农民，要结合当地发展经验以农民的利益为核心，引导农民参与经济、政治、文化、社会、生态等治理过程，增强农民的经济参与感、政治认同感、文化建设感、心理归属感和生态体验感。以农民为主体培养农民的自觉意识和角色意识，强化农民的主体意识和参与意识。毕竟，乡村发展的主力是农民。

二、以还权赋能为重点，构建多元主体收益共创共享机制

在众多激活农民主体性的研究路径中，还权赋能的主张契合了乡村振兴的时代特点，抓住了制约农民主体性发挥的根本性问题。还权赋能理论，发轫于 20 世纪 80 年代的西方企业管理实践，被用于员工行为的潜能激发、员工心理的效能感提升等方面，后被拓展到社会工作等领域，旨在帮助目标群体摆脱权利不足、能力弱化、认同缺位等不利状态，协助其实现权利保障、能力提升与认同建构。在乡村振兴背景下，农民主体性的核心问题是权利和能力，关键在体制机制保障，以还权赋能为核心议题，厘清了农民主体性缺失的关键问题——“权能缺失”，明确了激活农民主体

性的改革思路——“还权赋能”，找到了重塑农民主体性的长效路径——“体制机制变革”，可以作为乡村振兴背景下激活农民主体性的理论指导和实践遵循。

同时，在乡村振兴背景下，产业发展能够为实现还权赋能和激活农民主体性提供载体支撑。既有研究关注了农村产业化中的农民主体性问题，强调要尊重维护农民主体地位和市场权利，但其落脚点仍然是如何推动产业持续发展，并未将产业发展作为实践载体予以重视，对产业发展激活农民主体性的实现机理阐释更是欠缺。现实观察也表明，产业发展较好的地区，其农民主体性往往得到有效彰显。在乡村振兴背景下，健康持续的产业发展，既是实现乡村振兴战略目标的核心动力，又是解决农村一切问题的前提条件，能够为激活农民主体性注入活力。为此，坚持以产业发展为载体支撑，以还权赋能为改革取向，以体制机制变革为根本保障，可以为乡村振兴背景下农民主体性激活提供新的改革策略和实践方案。

三、加快打通城乡通道，建立统一的城乡建设用地市场

建立城乡统一的建设用地市场具有重要法治意蕴。首先，集体经营性建设用地入市完善了“农民集体所有的土地的使用权不得出让、转让或者出租用于非农业建设”的集体土地使用权不健全现状，有利于集体土地与国有土地两者地位和产权的平等转向，实现了两种土地公有制的平等改革。其次，集体经营性建设用地入市、农村土地征收、宅基地改革的“三块地”实践实现了集体建设用地、宅基地、农用地“全盘流转”，对于加快农村土地改革，释放农村产权能量，优化配置农村资源有着积极意义。最后，集体经营性建设用地入市建立了城乡统一的土地供给和流转市场，通过市场流转和市场价格实现土地供给城乡一体化模式，充分发挥了市场在资源配置中的决定性作用。此外，通过集体经营性建设用地入市，可以让农民分享土地增值收益、共享改革发展成果，更好地推进城乡融合发展。

完善集体经营性建设用地入市相关配套措施。进一步深化立法工作，

健全集体经营性建设用地入市及城乡土地市场建设相关法律法规。对于集体经营性建设用地入市，要对入市流转对象、范围、方式、程序、监管措施等进行进一步明晰，尤其是要界定好集体经营性建设用地的范围。要进一步深化农村集体产权制度改革，做好农村土地确权工作。同时，要更好地发挥市场在资源配置中的作用。一方面，农村土地改革的关键之举是如何通过市场手段供应土地，利用市场价格进行交易；另一方面，要重视土地的市场价值。集体经营性建设用地入市价格需要参考当前地块的土地市场价值，要充分利用市场价值，实现土地要素的市场流转，更加科学合理地配置土地资源。此外，集体经营性建设用地入市，也需要制定好税收、财政、金融等支持政策。

第六章 面向乡村振兴的农民土地财产权制度创新

第一节　威廉姆森四层次制度分析框架

在社会分析四层次模型前，威廉姆森曾构建了一个以治理机制为核心的“制度环境—治理—个人”三层次框架，他将解释制度环境的任务交由经济史学家和社会学家，认为治理机制才是组织经济学的中心主题（斯科特，2010）。在这个框架中，制度环境决定了游戏规则，为治理结构的设计提供变动参数，个人则为治理结构提供行为属性的假设，而治理结构具有自己的生命，它既为制度环境提供策略参数，又直接影响个人行为（威廉姆森，2016）。

一、威廉姆森四层次分析的制度环境转向

加里·汉密尔顿和尼科尔·比加特认为，威廉姆森的交易成本经济学解释隐性地假设在西方民主国家的场域下制度环境是相似的，但部分东亚企业的实例表明“组织的惯例……是从先已存在的互动模式中塑造出来的，在很多情况下这些互动模式可以追溯到前工业时代。所以工业企业是先存在的支配模式对于利润、效率和控制往往在其中形成生存条件本身的经济形势的一种复杂的现代适应”（Hamilton and Biggart ，1988）。威廉姆森在后续研究中对制度环境差异的阐述中解释：制度环境确实是很重要的位移参数，制度环境的改变会引起治理的比较成本的改变。

二、四层次分析的嵌入性与动态性转向

针对三层次分析框架，经济社会学家马克·格兰诺维特持不同意见。首先，威廉姆森从交易成本经济学的视角出发，将分析经济行动的核心放在治理结构，是对与经济行为相关的信任等社会关系和社会结构因素的严重忽视（马克·格兰诺维特、理查德·斯威德伯格，2014）。其次，马克·格兰诺维特认为三层次分析框架偏向静态分析，文化的影响是一个行进过程，需要在互动中不断组成与重组，其中各要素呈现互相塑造的关系。马克·格兰诺维特从经济行为的嵌入性出发，通过比较前工业社会、工业社会及经济高度发达的后工业化社会，认为主张经济行为总是受到正在运行的社会关系的影响，只是其对社会结构的嵌入程度与具体模式有所不同，所以研究经济现象必须考察经济行为所处的社会关系网络以及个体及群体间的具体互动过程和后果。威廉姆森在后续研究中对嵌入性的阐述中解释：嵌入性所强调的具体社会关系和结构会产生信任并组织非经济或超经济的不良行为，与交易成本经济学对经济行为中的信任和机会主义的推理是相一致的（威廉姆森，2016）。

因此，在三层次框架的基础上，威廉姆森提出了社会分析的社会嵌入、制度环境、治理结构、资源配置四个层次（见表6-1），将初始的制度环境细分为非正式制度的社会嵌入和正式制度的制度环境。第一层次是社会嵌入，包括文化、规范、习惯、道德、传统、宗教等，“这些非正式制度是自发形成的，几乎不会由人类有目的地选择而产生”（Williamson O E，2000），因此社会嵌入层次的变化周期一般超过100年。第二层次是制度环境，包括产权、整体、司法、行政、法律等，“制度环境通过进化而形成，具有被人为设计的机会”（Williamson O E，2000），设计正式制度以决定谁有权利使用资源并能够得到正当的保障，一般需要10~100年才会发生变化。治理结构仍是交易成本分析的重点，位于第三层次，相较于第二层次——制度环境，治理结构是社会主体为了实现具体互动而设计的具体规则，是制度落地追求效率的重要层次，变化频率一般在10年以内。第四层次是资源配置，是行为人为了实现利益最大化而根据个人的成本和

收益、市场的价格和供需等信息不断调整决策行为的过程，因此该层次规则的变化常随着市场变化而持续变化。以治理结构为核心的三层次框架演变为以变化频率为线索的四层次框架，威廉姆森完善了社会分析框架中对于社会嵌入与制度环境的分析，并将原先相对静态的社会分析以变化频率的形式转向动态分析。

表 6-1　威廉姆森四层次制度分析框架

层次		变化频率	目的
第一层次	社会嵌入：非正式制度（文化、规范、习惯、道德、传统、宗教等）	100～1000 年	自发地产生：无法主动追求效率
第二层次	制度环境：游戏的正式制度（产权、政体、司法、行政、法律等）	10～100 年	营造正确的制度环境：第一次机会主动追求效率
第三层次	治理结构：游戏的过程——契约（根据交易安排治理结构）	1～10 年	设计正确的治理结构；第二次机会主动追求效率
第四层次	资源配置：具体的活动（价格和数量；激励机制）	持续不断	实现边际最优：第三次机会主动追求效率

由表 6-1 可知，四个层次之间是相互影响的，个体在做决策时，直接受到治理结构层次的规则影响，治理结构层次的规则又受到制度环境层次规则的影响，而制度环境层次的规则是在社会基础约束下产生的，四个层次从上到下逐级制约下一个层次的规则。同时，四个层次也形成了由下至上的反作用力，在交易成本经济学的视角，个体或群体为了实现利益最大化就会在治理结构层面进行博弈，博弈的过程就有可能引起治理结构的改变。当治理结构的调节无法适应个体利益的有效实现时，将会反映在治理结构对正式制度改变的需求、压力与变化上。由资源配置起至正式制度的改变，展现个人经济行为促进经济社会发展的过程，而经济社会发展会引起社会风俗习惯的改变。

第二节　中国乡村特殊场域中的农民土地财产权

第一节阐述了威廉姆森三层次框架至四层次分析模型间的三个转向：社会嵌入、制度环境与动态转向。威廉姆森用变化频率将社会分析的四个层次连接起来，第一层次社会嵌入的变化频率是100~1000年，第二层次制度环境的变化频率是10~100年，第三层次治理结构的变化频率是10年以内，而资源配置随时不断变化。尽管社会嵌入层次是对三层次框架在社会关系与结构影响方面的一种优化，但由于社会嵌入层次中非正式制度的变化非常缓慢且难以测度，部分以四层次分析为框架的研究最终调整为更容易测度的“制度环境—治理结构—资源配置”三层次。而对于中国农民土地财产权的制度分析，社会嵌入是极为关键的，它与其他三个层次相联结，共同展现了乡土中国的现代化转向与未来方向。

一、中国乡村场域中农民土地财产权的制度环境

中国的乡村场域是特殊的，它是一个开放式的动态场域，与四层次分析框架的动态性尤为契合。将四层次分析框架嵌入农民土地财产权制度中，最先要讨论的是乡土中国“动态”的制度环境。关于农民土地财产权的讨论要从农村土地制度的根本“农民土地产权”开始。中华人民共和国成立70余载，中国农村土地产权制度发生过4次重要改变，从私营私有制到农村合作化运动时期的农民私有、合作经营；后过渡到集体所有、统一经营；再确立为集体所有、家庭联产承包责任制，形成土地所有权和承包经营权的“二权分离”；直至2014年，明确将土地承包经营权分为承包权和经营权，实行所有权、承包权、经营权“三权分置”。农村土地产权制度的变化契合四个层次的影响机制，同时又对其作出创新中国解释。

第一次和第二次产权制度改变可以概括为农业集体化在中国的逐渐形成。苏联农业集体化对中国选择农业集体化道路产生了极大的影响。所以，农村产权制度在经历了非常短暂的私营私有制，就朝集体所有、统一经营的农业集体化转向了。这两次产权制度改变以城市、城市发展需求为中心，主要依循“制度环境—治理结构—资源配置”自上而下的约束，而在中华人民共和国成立的巨大信心的影响下，也存在一定的“农民生产信心—资源配置—治理结构—制度环境”自下而上的反向影响。这也是中国农民和农民集体的特殊关系，即农民集体由农民构成，但农民也被农民集体赋予意义，因而会产生自下而上的巩固作用。

第三次产权制度的改变，源于 1978 年由安徽小岗村而起的“包干到户、包产到户”。在经历质疑与批评后，“包干到户、包产到户”被确立为家庭联产承包责任制，由此拉开了中国改革开放的大幕。家庭联产承包责任制与第四次产权制度的改变是以农村、农村发展需求为中心，在经济社会发展的影响下，农民群体寻求利益最大化，影响治理结构继而推动制度环境发生改变。第四次产权制度的改变是“三权分置”的提出，“三权分置”是超越现有制度的多向引领式的制度创新。2014 年 11 月 6 日，中共中央办公厅、国务院办公厅印发《关于引导农村土地经营权有序流转发展农业适度规模经营的意见》，明确了伴随我国工业化、信息化、城镇化和农业现代化进程，农村劳动力大量转移，农业物质技术装备水平不断提高，农户承包土地的经营权流转明显加快，发展适度规模经营已成为必然趋势。实践证明，土地流转和适度规模经营是发展现代农业的必由之路。该文件强调了由于经济社会发展过程中资源配置的变化，以及已经存在的治理结构层次的调整，相较于第一次和第二次以城市为中心的单向制度创新，家庭联产承包责任制是以解决农民生存问题的单向制度创新，“三权分置”是关于农民土地如何产生更多经济效益的创新。生存是限定的、单向的，但经济效益是扩展的、多向的。党的二十大报告指出，深化农村土地制度改革，赋予农民更加充分的财产权益。农民土地财产权的实现建立在“三权分置”的基础上，“三权分置”扩充了农村土地制度创新的内涵与意义，更为重要的是，“三权分置”锚定的是乡村振兴和农业现代化。

同时，中国农村土地制度对威廉姆森四层次分析作出创新性的学理解释。在四层次分析框架中，有自上而下的约束机制和自下而上的影响机制，单线制的约束和影响不能完全描述制度创新的过程，其中，第一层次社会嵌入的变化相对机械、被动，而第四层次资源配置的变化是存在着经济动因的。所以，制度环境、治理结构、资源配置三个层次的变化应是一种有机的互动与再生。中国改革开放以来经济社会快速发展的重要制度之一——“政策试点制”是这一有机互动的有力解释。

二、中国乡村场域中农民土地财产权的非正式制度

费孝通在论述乡土中国时，将乡土社会定义为礼俗社会，是一种没有具体目的，只是因为在一起生长而发生的社会。“乡土社会里从熟悉得到信任……乡土社会的信用并不是对契约的重视，而是发生于对一种行为的规矩熟悉到不假思索时的可靠性”（费孝通，1998）。在格兰诺维特和威廉姆森的视角下，这是“各种具体的关系和结构会产生信任并组织非经济的或超经济的不良行为”（威廉姆森，2016），这正是中国乡村场域的特殊之处。相较于乡村，城市社会是法理社会，人与人机械地组合，是一种为了要完成一件任务而结合的社会（滕尼斯，1999）。“礼是社会公认合适的行为规范”（费孝通，1998），从广义的角度来理解，非正式制度包括的文化、狭义的规范、习惯、道德、传统和宗教等，都可视作社会规范，而农民土地财产权也是一种社会规范（法律与制度）。所以，“规范”一词比制度更适合中国的乡村场域。在四层次分析框架中，非正式制度的变化不同于制度环境与治理结构，如法律制度与权力关系的变化是显性的，而非正式制度的变化是一种渐变式的“蜕变”。前文强调，中国乡村是一个包容的开放式场域，乡村和城市的互动是礼俗与法理的互动，也是中国的乡土气息与现代化进程的互动。换言之，乡村与城市只是礼俗规范向法治秩序转变协调的表现之一，重要的是其蕴含的中国式现代化建设。因此，把握住乡村社会礼俗与法理之变，推动城乡融合发展，是实现中国式现代化的重要内容。在快速工业化和城市化进程的催生下，“乡土中国”已经被解构，中国城乡关系经历了以城市发展为中心的城乡二元形态，现已进入城乡融合形态的“城乡中国”结构。传统乡村社会强调“差序格局”，形成的是一种以“己”“私”为中心，以亲缘、血缘为纽带，以信任为形式的私人社会关系。在乡村与城市的互动中，在制度环境与客观发展的影响下，乡村的礼俗规范所呈现的渐变式“蜕变”是一种整体趋势下的多向变化。

整体趋势为差序格局的衰退。在城乡二元向城乡中国转变的过程中，不可忽视的前置条件和现状正是乡村社会中的人及人地观念的改变，这种

改变是客观结构与主观意识的双重产物。首先是农村人口发生巨大改变，在城市集聚效应的影响下，农村人口不断向城市迁移，尤其是农二代、农三代已经呈现出明显的人口城市化特征，即工作城市化、生活城市化、家庭城市化等一系列城市化转变。其次是农村人口迁移带来的人地观念的变化，人口迁移的背后是农业在经济结构上的衰退，这是工业化必然的结果。以农二代、农三代为主的人从熟人社会进入陌生人社会，尽管他们的主要活动场域已不再是农村，但由于代际关系和内群体的吸引，他们会在代际的对比下、群体的联结下强化其在陌生人社会的工作、生活方式，并通过代际关系影响农一代的生活方式，尤其是城市的个人权利意识对农村的礼俗规范产生重要的影响。在经济结构上，"地"不再是维系农村居民生存的必要；在思想观念上，"地"不再必然是农村居民基于亲缘、血缘的乡土之情。

值得强调的是，土地不再必然是农村居民乡土之情的维系，并不意味着农村里以差序格局为主导的工作生活方式被个人权利意识占主导的城市化工作生活方式替代。其主要原因在于：①站在现代城乡的角度审视中国千年的农耕历史，差序格局不只是中国农村的底色，还是中国社会的根本特征之一；②以"己""私"为中心的人情社会关系，与强调权利和义务的社会关系是相互重叠的，并非强调权利和义务就意味着人情失去合理性。这是中国文化不同于西方文化的重要之处，交易成本经济学视角下由社会关系产生的非经济或超经济行为，中国的人情社会赋予了它新的解释。这也就意味着对于农民土地财产权赋予和保障需要从权利义务与人情两个方面讨论。整体而言，从城乡融合的视角回溯乡村的发展，土地仍是重要的生产资料、关系媒介甚至是精神寄托，但围绕土地开展的一系列活动，已充分表现了人情社会关系与权利义务社会关系的互动和相互影响，过程中既展现了"私"意识的削弱，也凸显了"私"意识与权利义务意识的联结。

在农地流转中，存在着一种以信任、人情社会关系代替经济行为中的货币租金的行为，称为"无偿转包"。从成本交易的视角出发，无偿转包是通过熟悉得到信任，以减少经济行为的信息成本与谈判成本；同时以信任为约束，减少交易双方违约的风险。在推进实现农民土地财产权的过程中，通过土地确权的方式提高农户对所有产权的安全感知，继而加深土地产权制度和土地确权的内化程度，弱化无偿转包中私人关系的机会主义，增强了正式制度的保障实施效果，此为“私”意识的一种削弱。而在人民公社化运动时期，农村土地产权从农民私有私营转变为集体所有、统一经营，一切财产归公、生产资料公有、社员统一劳动、成果集体分配以及最重要的社会关系上的绝对公平，此种对农民劳动生产进行限制的行为，实际上暗示了农民对土地的有限权利和集体劳动的义务，与乡土社会的“私”产生强烈的冲突。当权利主体为集体时，反而对农民的“私”意识起到了联结作用，出现了“集体的财产与个人无关”的想法，彼时的表现为部分农民出工不出力的消极怠工行为，既维护了集体的制度环境，又深化了个体的“私”意识。这样的联结受到了正式制度的影响，因此其对农民如何对待集体土地、集体财产产生了深远的影响。现今，农村土地产权已经形成集体所有、个人承包经营的制度，还需要继续扩充农民土地财产权。承包经营土地、集体建设用地入市等是实现农民土地财产权的重要形式。在农村土地承包经营和流转上，农民已经充分认识到其作为承包经营权的主体对其承包的土地有进行使用、处置的权利。在集体建设用地入市上，乡土社会的“私”意识已经成了集体建设用地入市的改革推进的严重阻碍，主要原因在于农村土地所有权的权利主体——农民集体是虚置的，农民难以在实际的土地生产、经营中识别土地所有权这一最重要的农民土地财产权。农民群体中形成了重分配结果、轻分配过程的现象，无法从“私”意识过渡到“公共”意识，难以真正实现共建共治共享。这不只是农民与乡村社会的非正式制度的问题，也是在资源配置、治理结构、制度环境中各主体需要重新思考的问题。

综上所述，以农民土地财产权为重点，在威廉姆森四层次分析框架的制度环境层次和社会嵌入层次中，详细阐述了中国乡村场域的特殊性，并证明了四层次分析框架对于分析中国农民土地财产权的适用性。旨在在威廉姆森四层次分析框架的基础上，强化对农民土地财产权制度分析中非正式制度的剖析，并以中国特色“政策试点制”完善了四层次分析框架的动态性。

第三节　中国农民土地财产权的四层次分析框架

农民土地财产权制度创新，不仅是确立法律、政策等形式的正式制度以赋予农民土地财产权之法定意义，还需在农村治理中实现相关权利并在权利实现的过程中严格保障并加以规范。第一节阐述了乡村社会中的人情关系是如何与城市化的权利义务社会关系互动交融的，彰显构建行而有效的农民土地财产权制度体系的根本原则与目的，是“在共建共治共享中推进乡村振兴、实现农业农村现代化，迈向共同富裕”。换言之，“如何从农民土地财产权的角度建设农村”的命题应在“需要建设怎样的农村”的思考下进行。为此，本书构建了农民土地财产权四层次分析框架，如图 6-1 所示。

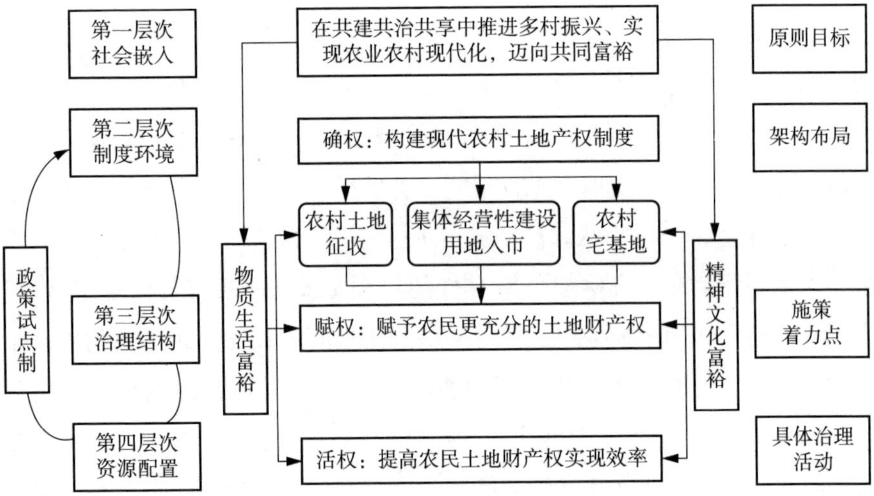

图 6-1　农民土地财产权四层次分析框架

一、第一层次——社会嵌入

在社会嵌入层次中，农民土地财产权制度建设应以共同富裕为目标。共同富裕是全体人民共同参与的富裕，是在全体人民的平等权利上而普遍享有的富裕，是能够不断满足人民日益增长的物质生活和精神文化需要的富裕。因此，农民土地财产权制度建设要在“物质生活富裕”和“精神文化富裕”的双重指导下进行。为实现物质生活富裕和精神文化富裕并重的共富图景，要求农民从以己为中心的、基于人情的“私”意识，向以主体为中心的、基于法律权利的“私”意识转变；同时要求在集体主义、共同富裕思想的培植下，向“公共”意识转变。就农民土地财产权制度建设而言，“私”意识的两个转变主要在于农民的权利意识和发展意识。农民的权利意识是指农民意识到其作为主体应当享有各种权利，当权利在法定范围内得以主张和行使时，就会衍生出法治意识；当权利得以在经济行为中获得收益时，就会衍生出经济意识。所以，权利意识是法治意识和经济意识的基础。农民的发展意识建立在农民发展权之上，农民作为个体或集体应享有平等参与经济社会文化和政治发展进程，并公平分享发展成果的权利。同时，农民的发展意识强调其作为主体对农村、社会的建设作用，党的十九大报告提出的“共建共治共享”正是对中国农民发展意识的有力阐述。

二、第二层次——制度环境

在制度环境层次中，农村土地产权制度是农民土地财产权制度的顶层架构。产权是经济所有制关系的法律表现形式，包含财产所有权及其衍生的其他财产权，同时为法律概念与经济概念。就农民土地财产权而言，包含了农民土地所有权及其衍生的土地承包经营权等其他财产权。《中华人民共和国土地管理法》第九条第二款规定，农村和城市郊区的土地，除由法律规定属于国家所有的以外，属于农民集体所有；宅基地和自留地、自留山，属于农民集体所有。第十一条规定，农民集体所有的土地依法属于村农民集体所有的，由村集体经济组织或者村民委员会经营、管理。由此可见，农民集体、农村集体经济组织和村委会是农民土地财产权中至关重要的概念。在中国的宪法结构和产权制度下，农民、农民集体、农村集体经济组织和村委会四者的关系并不完全是线性的，即农民组成农民集体，农民集体是农村集体经济组织和村委会赖以存在的外部环境与制度要素。

相较于“产权”明确的经济属性，“农民集体”并不是纯粹的经济概念，而是含有政权建设的性质及功能（韩秀义，2023），“农民”和“农村集体经济组织”概念同理。农民是构成农民集体的要素，同时因农民集体而被赋予意义并得以存在。因此，在制度环境层次中，农民土地财产权制度建设要厘清围绕农民土地所有权的各主体间的法律关系，探讨农民土地财产权由顶层架构的确权到实践中的赋权可能存在的障碍。

三、第三层次——治理结构

治理结构主要是指管理规则，包括特定领域内成员间的关系以及成员间的互动方式，尤指交易治理结构。农民土地财产权制度的交易治理结构，是围绕农民土地所有权、承包经营权、经营权等系列使用权而产生的互动。从制度环境到治理结构，等同于法律制度为农民土地财产权确权，转向在农村土地的具体实践中为农民切实赋权。这一确权至赋权的转变，本书是从农村土地征收、集体经营性建设用地入市以及农村宅基地的“三块地”改革切入的，本书第四章至第六章详细梳理了“三块地”改革的历史演变，并分别对其与农村土地财产权的重要关系进行了分析。而在治理结构层次中，本书切换到产权变换视角：“三块地”改革中的农村土地征收意味着农民集体所有的土地转换为国有土地；集体经营性建设用地入市意味着农民集体所有的土地不再必须经过征地后方可进入土地市场，农民集体作为农村土地的所有者，其所有权的含义得到非常大的完善；农村宅基地改革则进一步活化了宅基地的所有权、资格权和使用权。“三块地”改革是中国探索农民土地财产权的重要窗口。前文曾强调，中国的社会治理实践中有一种极具特色的政策测试与创新机制——“政策试点制”。“三块地”改革从全国 33 个县级改革试点到全国 31 个省份全面实施，从试点经验到土地管理法的修正。所以，本书通过“三块地”改革这一重要窗口，对农民、农民集体、农村集体经济组织、村委会，还有政府、社会资本等主体围绕农村土地所有权、承包经营权、经营权等财产权进行的互动方式及问题作了总结。

四、第四层次——资源配置

资源配置是决定经济活动效率的微观单位，指追求边际效率最优。社会嵌入、制度环境和治理结构都会影响资源配置的效率，换言之，资源配置的效率在很大程度上取决于社会嵌入层次、制度环境层次和治理结构层次对互动规范、规则的构建。制度环境层次着眼于产权制度为农民确权，治理结构层次着眼于农民实现更多土地财产权的本质——产权交易治理结构。资源配置层次则着眼于产权交易与产权制度的效率，包括经济效率、产业效率、行政效率等方面。2015 年，“三块地”改革试点的 33 个县（市、区）遍布全国 31 个省级行政区，包含经济相对发达的县（市、区），也涵盖经济基础薄弱的贫困山区县。如此大范围的试点安排，是要求每个试点区域根据地方情况和需求推进“三块地”改革。中国的经济发展是分阶段、分区域的，因此，在大尺度的制度建设下，微观尺度的实践应重视地方经验的凝练与推广，要求经济发展相对落后的区域和经济发展相对发达的区域同时达到相近的配置效率是不现实的。因此，本书尤为强调，资源配置的效率并不完全取决于农村土地市场的完善程度、交易的效率优化或行政数字化等，而在于各地政府通过研判和规划农村发展方向与需求，构筑符合地方实现农民土地财产权的道路，并持续推进协调农民土地财产权的落实。

综上所述，本书以威廉姆森四层次制度分析框架为基础，构建了农民土地财产权制度建设的分析框架。可见，农民土地财产权制度是以“在共建共治共享中推进乡村振兴，实现农业农村现代化，迈向共同富裕”为原则与目标的，农民土地财产权的实现包含物质生活富裕，更要求循序渐进达到精神文化富裕。而权利作为一种法律表现形式，应由法律制度为其确立最根本的法律地位，包括《中华人民共和国宪法》《中华人民共和国土地管理法》《中华人民共和国民法典》等与农村土地产权制度相关的法律。法律是规范行为的第一层秩序；从不同的固定情景对具体的行为加以规范是较为常见的方式，因此，通过“三块地”改革对农民一系列土地使用权转移的行为进行具体实践上的规范，是第二层秩序；同理，转移过程中的经济、产业、行政等资源配置效率的限制，是第三层秩序。本书将在第四节对农民土地财产权制度建设的障碍进行总结。

第四节　农民土地财产权制度建设存在的障碍

一、农民土地财产权制度建设社会嵌入层存在的障碍

（一）农民的权利意识不足

权利意识是指特定社会成员对自我利益与自由的认知、主张和要求，以及对他人认知、主张和要求利益、自由的社会评价（夏勇，1995）。就农民土地财产权而言，农民的权利意识既包括向内的对自己所应享有的土地财产权的认知、主张及要求，也包括向外的对他人应享有的土地财产权的认知、主张及要求。2013 年，党的十八届三中全会提出“赋予农民更多财产权利”，在制度环境的影响下，农民的权利意识有了极大的提升，但是，相较于制度、行政意义上明确的法律权利框架，农民对权利的认知还不够深刻、准确，权利意识不够系统化。结合 2023 年的中央一号文件中相关表述更改为“赋予农民更加充分的财产权益”，其实农民权利意识不足的问题主要在于，农民在认知、主张和运用权利时带有更多“权益”色彩。

在传统儒学的影响下，中国形成了一种民族性的文化—心理结构特征，可概括为“实用理性”的处世态度。这种理性强调重视现实实用，较少在理论上去探求讨论、争辩，重要的是在现实生活中如何妥善地处理它（李泽厚，2008）。恩格斯也曾提起，“在一切实际事务中……中国人远胜一切东方民族……”（马克思、恩格斯，1960）。因此，在传统的“实用理性”文化—心理结构和中国土地革命以及土地改革的政治背景下，农民重视的是土地财产权所带来的正当性和实际效用，而较少去考虑土地财产权的应然性。农民更关注土地的价值，而非其基于土地享有的权利，通俗地讲，农民“要地不要权”，农民在保证土地财产权正当性的前提下，难以

脱离土地这一实物而准确认知土地财产权。其主要存在两种情况。一是针对农民承包经营地、宅基地这类土地，农民确实占有使用权时，农民可以通过其土地使用占有的行为，认知并感知到其土地使用权的行使。因为在这种情况下，土地财产权的正当性保障了农民占有使用的合法性，农民是通过有意识或无意识地行使权利而认知权利。二是针对没有农民个体占有使用的集体土地，此时，土地所有权是农民集体，农民个体对集体土地没有实际的占有行为，集体土地由农村集体经济组织或村委会管理。在这种情况下，农民个体无法代入农民集体的身份，更无法从农村集体经济组织或村委会对土地的管理行为中，认识到其应有的土地财产权。这在一定程度上影响了基层政府的确权工作，没有在土地确权的同时做好农民土地财产权的法律宣传，形成了“确地不确权”的现象，与农民“要地不要权”产生恶性循环。

所以，从赋予“农民更多财产权利”转向“更加充分的财产权益”，不仅是农民土地财产权制度框架搭建的成果，也是根据农民思想特征提出的更适合的制度完善道路。

（二）农民的发展意识不足

农民的发展意识不足体现在三个方面。一是现代市场意识不足。在长期小农经济的影响下，部分农民仍保有小富即安的思想，但也有部分农民抓住乡村振兴的风口，扩大农业生产经营的规模，利用宅基地和农房开展农家乐、民宿等经营活动，在自发生产和经营的基础上从事一定体量的农业综合、田园观光经营活动，可见农民市场意识强烈，但是，农民的市场意识存在一定的滞后性、非理性和盲目性。例如，部分农民通过规模生产、农家乐或民宿等经营活动创收，引发其他农民在缺乏产业规划、科学指导的情况下，不考虑市场变化的风险性，盲目跟风进入市场，损害农民土地财产权益，可见农民现代市场意识有限。二是科学生产意识不足。农业增产、农民增收都离不开农业科学技术的广泛使用，但中国农业产业化、规模化、现代化发展地区差距仍比较明显（地理位置有很大的影响），在农业“三化”比较落后的地区，农民在农业生产中仍采取单一的人工劳作，且无法科学掌握农药、化肥的使用，对农业增产、农民增收无益，还造成一系列环境污染问题，影响土地规划发展。三是公共参与意识不足。公共参与意识不足的根本原因在于农民缺乏对农民集体和土地发展权的认知。中国的农业生产经历了小农生产、农业集体化，到现在集体所有制下的家庭联产承包责任制（农业集体化和小农生产的综合）。在乡土结构中，家族和乡贤以及村规民约对维系农村公共生活发挥了极大作用。农业集体化时期，人民公社也发挥了极大的维系农村公共生活的作用。农业集体化取消后，在乡土结构日益弱化的今天，农村公共生活逐渐失去家族和乡贤的维系，人情关系和法律中的权利、义务没有很好地融合。因此，农民只对自己占有生产的土地有权利意识，对村集体经济组织管理的集体土地有的多为获利意识，而不具备发展意识。

二、农民土地财产权制度建设制度环境层存在的障碍

（一）农村土地集体所有权不明确问题凸显

农村土地集体所有权是农民土地财产权制度的根本。土地集体所有权在立法上存在诸多限制，既制约了农民系统的权利意识的建构，又影响了在土地生产经营活动中进一步向农民赋权。农村土地的集体所有制处在公有制和私有制的中间。中华人民共和国成立之初，我国农村曾实行过短暂的土地农民所有制，后在马克思主义的理论根据和苏联农业集体化的实践根据之下，由国家政治主导推动形成了农村土地集体所有制。有学者认为，从农民所有制转向集体所有制，是国家的强力主导和农民意志的丧失（周其仁，1995）。但在农民所有制中，农民土地的正当性来源于政治斗争直接分配土地产权，而不是农民的土地市场行为。所以，集体意志早在农民所有制时期就注入了农民土地产权，这是转向集体所有制的必然性和正当性。

农村土地集体所有权的主体首先是农民集体，其次是农村集体经济组织，此为集体所有权主体的复合结构。目前，集体所有权不明确主要源于产权和生产的分离，表现为农民与农民集体分离、农民集体与农民集体经

济组织分离。改革开放以来，家庭联产承包责任制改变了农村的生产方式，保留了集体所有制，使集体所有、集体生产转为集体所有、家庭生产。随着人民公社的解体，农民集体的外延逐渐变得模糊。在改革开放初期，土地是农民重要的生产资料，农业是农民主要的生产方式。所以，此时土地集体所有权不明确的问题尚未凸显。随着城市化发展，土地和农业不再必然是农民的生产资料与生产方式，农民需要在土地中获取更多的财产权利，农村也亟须利用土地资源发展农村经济。此时，土地集体所有权的不明确就成为必须面对的问题。

（二）农村土地集体所有权主体虚化

《中华人民共和国民法典》赋予了农村集体经济组织特别法人地位，但没有明确农民集体的组织形式。农民集体不具备民事主体的意思表示能力和意思实践能力，在一定意义上只是一种观念性所有形态，需要依托特定机制予以形成和实施。首先，有关集体土地所有权的重要决策由集体成员的决策机制形成，将分散的、具有差异性的集体成员的意志，通过决策机制形成有关集体土地所有权决策。目前，主要依托村民自治的村民大会或代表大会等形式，公开性、公平性还有待提高。其次，农民集体作为集体土地所有权主体，缺乏自我执行集体土地所有权决策的能力，只能依托村集体经济组织或村民委员会。虽然目前的农民集体依托的决策机制具有一定的实践性和合理性，但是其科学性、畅通性以及执行效果和公平等方面存在问题。

农民集体的虚化，使农民对集体土地所有权的感知越来越弱。从严格意义上讲，农民集体中的农民，指具有农业户籍的自然人。在农业户口取消的背景下，农民集体中的农民变成了户籍在农村的自然人，显得缺乏合理性。换言之，尽管生产、生活和安居都在城市的人，因其户籍在农村，也是农民集体的一分子，拥有农民土地财产权。农民土地财产权陷入“人人享有等于人人没有”的困境，加重农民对集体土地所有权中的利益感知，使他们忽略了村集体经济组织或村委会对集体土地的具体管理行为，忽略了集体土地和农村经济的发展前景，只关心个人在集体土地中的获益。

同时，农民集体与农村集体经济组织相分离，也是农民无法正确认知农民集体的重要原因。将集体所有和全民所有相比，全民所有明显是一种观念性所有形态，它的归属主体自然只有一个——国家，而国务院就是全民所有的代行主体，但集体所有的区别在于它的权利归属主体不仅不是单一的，还是极为分散和庞大的。不同的农民集体之间在土地的所有上，是不可通约的，集体所有与集体所有之间具有极强的地域性、社区性、封闭性和排他性。有学者认为，这是本集体内部的小公有制，但对本集体之外的人或单位来说，具有排他性，边界清晰，类似于私有制（张晓山，2019）。集体所有权主体的分散从产权制度上为构建统一的农村土地市场设置了阻碍。

三、农民土地财产权制度建设治理结构层存在的障碍

（一）农村集体经济组织的建设不完善

人民公社解体后，农村基层组织实行政社分开，原来的生产大队普遍成立了村民委员会，主要负责办理公共事务和公益事业。在政社分开过程中，只有一些经济发达地区成立了乡镇、村或村民小组集体经济组织，有相当一部分地区并未成立村集体经济组织，更没有乡镇、村民小组集体经济组织。主要原因是家庭联产承包责任制对集体生产的分离，双层经营中“统”的层次作用发挥得不够，一些村、村民小组没有集体经营性财产，所以并没有及时设立集体经济组织。虽然，农民集体和农村集体经济组织是集体土地所有权的主体，但法律也规定在没有设立集体经济组织的地方，村民委员会可以代行代管集体所有的土地。与农民集体虚置一样，在改革开放之初，集体经济组织和村委会分设并不是乡村治理的核心问题，反而因为没有设立集体经济组织而节约了治理成本，但是，2019 年新修正的《中华人民共和国土地管理法》已允许集体经营性建设用地直接入市，拓宽了农民实现土地财产权益的一大途径，也表明了将要集中发展农村集体经济。

农村集体经济组织理应为农民土地财产权确权、农民行使土地财产权提供服务，同时通过管理集体土地和其他资产，发展集体经济为农民创收，但是集体经济组织建设不完善或村委会长期代行集体经济组织的经济管理职责，产生了新的政社合一、职责混淆不清、村民自治变成村领导班子治理等现象，出现集体资产利用效率低甚至流失、农民利益受损甚至出现村干部侵占集体财产等问题，从而引发了矛盾纠纷甚至群体性事件。

（二）“三块地”改革试点仍需深化突破

“从局部到整体”的政策试点机制，帮助中国在改革开放初期较为顺利地完成了计划经济体制向社会主义市场经济体制的过渡。政策试点机制的巨大成功与当时我国尚不完备的法律体系和放权思路有一定关联性。政策试验可以在与中央精神相一致的前提下，突破法律条文约束大胆地实施。2015 年开展的“三块地”改革试点具有很强的顶层设计色彩，整个过程由中央自上而下主导，允许突破集体建设用地不能入市、宅基地抵押、流转等法律条款，进行试验。其试点成果于 2019 年底被纳入新修正的《中华人民共和国土地管理法》中，改革的深度和广度前所未有，可视为有效的制度变迁和相对成功的政策试点，但是由于地方权力行使的正当性和容错机制的限制，试点的空间受到了压缩，“三块地”改革试点在一定程度上受到了日益复杂化的法律法规的限制，同时出现政策试点被经验化、绩效化，而导致试点重形式、轻内容的现象。政策试点“从局部到整体”这一机制，是一个多轮循环的经验总结、推广、学习的过程。在此过程中，地方政府可能会通过模仿学习经济、社会特征相似的其他试点区域，有利于地方政府在一定基础上快速地解决相似问题，并形成经验，提高试点扩散的效率，但是试点区域除了经济社会特征，还存在发展定位差异，试点过程也是存在时间差异的。从“三块地”改革试点第一轮的 33 个试点县（市、区）到第二轮的 104 个县（市、区）和 3 个地级市全面实施，再到农村土地征收、集体经营性建设用地入市和宅基地改革的深入试点，存在后试点地区模仿得到的政策试点脱离本地实际情况，或者试点结果反而落后于政策需求的情况。

“三块地”改革试点是农民土地财产权制度建设框架的关键驱动。第一回合的“三块地”改革以宅基地“三权分置”、《中华人民共和国土地管理法》中土地征收范围的调整和集体经营性建设用地允许入市的修正收官，但农民土地财产权更多的具体实现形式仍需要从“三块地”对土地制度改革继续深化突破。

四、农民土地财产权制度建设资源配置层存在的障碍

（一）农村土地市场化不足

农村土地市场化不足体现在农村土地供应和农村产业需求尚未完全耦合。一是农村可供应的土地在用途和开发程度上还较为限制。目前，宅基地使用权的流转还在深入探索中，其流转的方式、范围和期限限制较大。尚且不能和集体经营性建设用地一起联动入市，这在一定程度上会影响农村的产业规划和产业用地供应，不利于提高农民增收的效益。二是还未构建“同地同权同责”的城乡土地市场。集体经营性建设用地入市也仍在探索中，尚未形成对应的农村用地类别、基准地价等，无法和城市土地市场衔接起来，这无益于城乡间土地市场壁垒的破除，在一定程度上阻碍了农村土地价值的升高。三是农村产业需求还没有较好地识别。尽管农村一二三产业融合程度不断加深，农村也通过将自然资源转化为市场优势，将其本身内化到农村产业中，但仍然局限于一二、一三、二三产业融合，尚未形成全产业链的一二三产业融合，农村产业无法实现可持续发展，农民的土地增收也无法实现。

（二）村庄规划效益较低

农民土地财产权益实现效率低与农村产业效益、农村土地资源利用效率有很大关系。宅基地和农村集体经营性建设用地是农民集体新的财产，都是农村产业融合发展的用地保障，可以有效增加农民财产性收入，需要体现在村庄规划的编制过程中。村庄规划的编制过程其实是挖掘农村价值、提升富民产业效益、促进产业振兴的过程。2008 年 1 月 1 日实施的《中华人民共和国城乡规划法》明确乡村地区编制乡规划和村庄规划，各

地开展了多种多样的村庄规划，部分省份（如四川、云南等）达到较高覆盖率并出台了技术导则。乡村规划也陷入了“村庄规划无用”的困境。首先，全覆盖的村庄规划财政压力大，给财政经费紧张的县、乡镇政府带来巨大的财政压力，导致基层政府部门对村庄规划的认可度不高。其次，多规合一村庄规划编制需要大量的现场勘测工作，投入成本高、实现收益少，规划机构承接意向低，甚至出现大量规划转包分包现象，扰乱规划市场，村庄规划的质量不高。最后，在村庄规划编制的操作过程中，因地方财力有限，编制经费往往要村级和村内企业承担，而且村庄规划过于注重村庄的硬件建设，普遍存在过分强调村庄美观和过分突出各项规划目标设定的现象，缺乏对村民利益和需求的关注与落实，村民的积极性与参与感不高。

第五节　农民土地财产权制度创新的政策建议

一、构建农民土地财产权集体空间，重塑农村人情—权利关系

传统的乡土社会自有一套治理机制，正式制度的推行在一定程度上松散瓦解了原有的礼治秩序，单靠制定法律条文、依靠基层政府的动员宣传农民土地财产权，无法让农民真正理解其应有的土地财产权，而原有秩序的松散瓦解，也使农民原来的利益分配出现不协调现象，所以，农民土地财产权制度建设的首要在于重新确定农民土地财产权的实现逻辑。有些学者认为，人情是宗法制文化的代表，它的血缘性、地缘性、保守性等特质阻碍着生产要素和生产资料在城乡间正常流通（欧阳慧、阳国亮，2019）。事实上，人情是乡土社会的底色，人情关系是乡村治理的主要关系。在乡土社会中，传统乡绅是乡村治理的主体，是乡村建设的带头人，他们在文化网络和宗族的约束下，以乡村共同体的公共利益为主。在人民公社时期，政社合一的集体组织对维系农村公共生活发挥了巨大作用。人民公社的退出使农民集体失去了实际载体，而城市化发展带来的乡村巨变也使原来依靠宗族和文化维系的乡村共同体逐步瓦解。所以，亟须将农民人情关

系中的私意识转化为权利的私意识，同时借农民集体和新乡贤的作用，将私意识向集体意识转变。

首先，发挥农民集体作用唤醒群众集体精神，并借此巩固农民土地集体所有权。以土地征收后失地社保指标分配为例。在失地社保稀缺的情况下，社保指标通常不是直接分配给涉迁村民，而是通过村集体经济组织或者村委会的协调，优先分配给村里的老年人或采取多轮抽签的方式分配福利。村集体使用失地社保指标分配的自由裁量权，采取更加具有集体理性、更为划算的分配方案，是积极发挥农民集体作用的体现。

其次，发挥新乡贤的治理作用引导农民在权利实践中理解应有土地财产权。传统时期，乡村建设主要是在乡绅带领下开展地方自治。进入新时期以来，中央政府强调发挥新乡贤在乡村振兴中的辅助作用，但如今新乡贤的治理逻辑从传统乡绅较为单纯的公益逻辑转化为公益—经营逻辑（高万芹，2023）。存在强价值情感导向的公益类乡贤，他们出于情感价值或者地方社会乡村振兴的价值激励，加入对农村有益的公益行动。也存在强利益导向的经营类乡贤，这类乡贤的行动逻辑是投资经营，本质上是经营行动，而不是农村公共利益角度。从整体行动结果来看，不同种类的乡贤加入乡村治理，通常会为村庄带来资源、资本和技术，相比这些乡贤能够为农村发展带来创收，村民更看重的是一种农村发展活力的注入（包括返乡建设和新加入农村建设）。相较于普通农民，新乡贤社会资本的优势，决定其公益—经营逻辑会为农村发展带来更多市场信息，有助于提升农民的发展意识，令他们在各类实践中理解土地财产权。

二、壮大农村集体经济，夯实农民集体权利主体地位

农民土地财产权的根本权利是土地集体所有权。但是改革开放以来的农村集体经济更强调“分”，导致农民与集体的经济联系趋弱，农民集体统一经营的职能发挥空间也趋于被限制。在家庭联产承包责任制和土地“三权分置”的作用下，农民对土地财产权的行使局限在农业生产意义上的土地承包权、经营权，对于需要农民集体发挥“统”的作用的集体建设用地、宅基地等发展意义上的土地财产权认知不足。所以，农民土地财产

权制度建设的第二要义，是夯实农民集体主体地位，让农民“有权可依”；壮大农村集体经济，让农民“有益可图”。

首先，要进一步突破和明确农民集体成员资格的认定。2022 年，十三届全国人大常委会第三十八次会议对《中华人民共和国农村集体经济组织法（草案）》进行了审议，其中对农村集体经济组织成员资格认定作了规定，统筹考虑户籍关系、农村土地承包关系、生产生活情况、基本生活保障来源、对集体积累的贡献等因素，确认集体经济组织成员，但尚未对具体认定标准作出规定。在农民集体、村集体经济组织成员的认定上，还需要建立生产生活情况、基本生活保障来源、对集体积累的贡献的实体标准。以因结婚而取得其他农村集体经济组织成员身份的妇女为例，她取得其他经济组织成员身份的主要原因是户籍的改变，但是原集体经济组织需要综合考虑她在原集体经济组织生产生活的年限和对集体积累的贡献，为其保留一定期限内的土地财产权益。以因死亡而丧失集体经济组织成员身份的人为例，考虑他在原集体经济组织生产生活的年限和对集体积累的贡献，若为其保留一定期限内的土地财产权益，他的财产权益由谁获得、行使？所以，要从成员身份的获得和丧失出发，对其生产生活情况、基本生活保障来源、对集体积累的贡献进行综合考量，进一步细化集体成员资格认定，以明确完善的资格认定强化农民对农民集体的认知，以落实农民集体权利主体地位，让农民“有权可依”。

其次，壮大农村集体经济，通过股份合作让农民“有益可得”。农村经济、社会发展存在差异的情境下，壮大农村集体经济也分为多个阶段。要想壮大集体经济，第一步，必须是明确分设集体经济组织和村委会，至少将集体经营管理职能独立出村委会其他管理职能。各地需要根据实际情况和现实需要，健全集体经济组织。从农村公共支出经费和人才有限的现实状况，以及发展集体经济、开展乡村建设的客观过程来看，集体经济组织与村委会分设不一定要完全彻底分开。经济实力强的农村，可以实行机构、人员、账户分开；经济实力相对较弱，暂时无法支持机构、人员分开的农村，至少应将集体经济组织和村委会的财政账户分开，并由一定的专门人员负责集体财产经营管理、农村土地发包、土地集体收益分配使用等职责。两个组织分设后都在村党组织统一领导下开展工作，两个组织的领导班子成员可以适当交叉任职，便于农村集体资产经营管理和农村社会治理相互协调配合。第二步，盘活农村的集体土地资源。在城中村和城郊村，集体经济组织实力较强，集体土地价值高，可以通过土地综合整治，盘活存量建设用地用以发展二三产业为村集体创收。而远郊村集体经济实力相对较弱，集体土地价值偏低，很难直接将存量建设用地直接投入土地市场，可以通过曲线式地调整地块，盘活荒山、荒坡、荒地，复垦为耕地，与投入建设用地增减挂钩，为村集体创收，进而有一定经济实力开展其他壮大集体经济的经营活动。第三步，在集体土地所有权的基础上对土地使用权进行统一经营管理，依托各种专业合作社和专业技术协会，以土地使用权等资源形式参股，增加村集体股份合作收入。农村集体经济组织具备一定经济实力后，必须发挥自身资源优势和区位优势，成立经济实体，发展特色产业经营创收。整体来说，集体经济组织对集体资产的经营管理是存在阶段性差异的，发展超前的农村已经具备良好的组织机构、经济实力、发展规划的循环，而发展落后的农村通常需要经过壮大集体经济的蛰伏期，才能从小体量的经营创收跃升到效益明显、具有正向规划作用的长效创收机制。

三、赋予“三块地”改革新内涵，丰富农民土地财产权实现形式

“三块地”改革试点的成果被纳入 2019 年新修正的《中华人民共和国土地管理法》，试点实践表明，土地征收和集体经营性建设用地入市的统筹推进存在亟待化解的矛盾。新修正的《中华人民共和国土地管理法》缩小了土地征收的范围，并允许集体经营性建设用地直接入市，使统筹征地与入市安排成为土地征收和集体经营性建设用地入市改革试点的新内涵。

在城乡一体化的背景下，集体经营性建设用地入市是发展集体经济的重要内容，彰显了农民集体土地所有权向集体经济组织经营管理的落实、向农民更直接共享土地增值收益发展。以入市倒逼征地制度改革，最终是要建立“同地同权同责”的城乡统一建设用地市场。然而，在征地单轨制的情况下，国家作为唯一的城市建设用地供应主体，可以通过法律上的征

地补偿设计掩盖未来土地用途、开发经营差异引起的农民利益差距。但是，集体土地所有权决定了集体经营性建设用地入市的主体是庞杂而分散的，农村集体直接和用地主体交易，使土地的基础设施配备、土地开发强度等利益问题成为入市主体关注的重点。此时，区位、配套设施差异下的农民利益差距就会更加明显，其实存在一定私权利和公权力立场下土地市场价值和农民利益的差异。

所以，统筹征地和入市重在建立收益平衡的制度设计。首先，需要构建城乡统筹、公平统一的基准价形成机制。集体经营性建设用地市场放开后会自然形成集体建设用地的市场价格，价值的培育需要较长的过程，在过渡期间，可以通过与国有建设用地出让相对比的方式确立基准地价。集体建设用地价格体系形成后，可以为征地市场化补偿提供依据。但是，在价值培育的过程中，也需要借助征地补偿价格兜底保障农民集体的土地增值收益。其次，要构建以土地增值税为基础、政府优先购买为保障的多样化收益平衡调节机制。目前，集体经营性建设用地入市需要入市主体和用地主体缴纳土地增值收益调节金，增值收益调节金以成交价为基础，不具备衡量土地增值收益的过程性，也难以规避集体建设用地市场尚不成熟导致的市场价格过低，只可视为推进入市改革的过渡之举。在改革试点深化期，需要把土地增值收益调节金升级为以土地增值收益为基础的相应税金，以解决征地和入市之间增值收益失衡的问题。为了保障农民的土地增值收益，需要安排入市价格过低的集体经济组织或政府优先购买权。同时，以土地增值税为基础，还需构建以留地安置、产业安置、留物业安置等方式为补充的收益平衡调节机制。

四、优化乡村地区空间规划，保障农民土地财产权实现效率

农村集体产权制度确立了农民土地财产权的正当性，通过不断在实践中丰富权利实现的形式，赋予了农民土地财产权的公平性。而我国的农村发展仍然存在着明显的地区差异，针对不同发展阶段的农村，其农民的土地财产权实现的效率也各不相同。例如，在宅基地所有权、资格权、使用权的改革试点中，经济相对发达的农村通常具备经济能力较强的集体经济

组织，融合发展程度较高的农村产业布局，土地要素市场活跃，农民不仅能从土地经营活动中增收，还能获得科学专业的经营指导，以供他们更加准确地、可持续地开展经营活动。经济相对落后的农村，土地要素市场发育不良，产业布局缺乏规划，宅基地“三权分置”的改革只能落脚于利用集体土地所有权适当改善居民生活环境，连农民土地权利的财产属性都难以凸显。可见，农民土地财产权的实现是有效率之分的，而有效的乡村地区空间规划，能够保障农民土地财产权实现效率。

首先，要从单一农村视角转化为乡村地区视角，按照规模生产和规模经济的要求，建立村的聚合体，以实现产业的规模效益。任何没有新兴产业支撑的乡村发展，都是韧性不足且不可持续的。其次，要全面考虑乡村地区的整体格局、服务设施、生态景观、产业发展、村庄更新、文化保护等需要，编制统筹乡村地区空间发展的整体性规划，以此优化乡村地区的空间格局和功能，提升乡村地区建设的品质和功能配置。最后，要把景观、生态和文化糅合。乡村的景观和生态是天然的市场优势，景观在很大程度上又是一种文化建构。以生态养生为例，依托乡村的景观和生态，深入挖掘当地的文化和历史，通过历史文化为乡村景观、生态赋能，共同营造一种回归自然的健康生活方式，打造可供娱乐、康泰、养老的绿色乡村空间，唤醒人们对乡村情感的依恋和期盼，为乡村发展带来持续的动力。

通过乡村地区空间规划做好三件事。一是做好农村生态环境建设。生态和自然景观是乡村宝贵的支撑力量。二是推进乡村一二三产业融合与转型升级，全面拓展农业的功能和领域，通过土地综合整治与工程建设，实现农业与旅游、文化、商业、工业等产业的有机融合，使乡村发展成为集聚农业生产、旅游观光、商务休闲的多功能空间。三是做好基础设施的配套与完善。“要想富，先修路”不仅仅是对农村道路设施的要求，更强调了打通村内外联通渠道的重要性。各村根据需求与能力，进行乡村环境整治、交通修缮、公共服务设施配套等，为乡村发展提供硬件支撑。只有从生态、产业、设施等方面做好乡村地区空间规划，才能盘活农村土地资源，保障农民土地财产权的实现效率。

参考文献

斯科特，2010. 制度与组织：思想观念与物质利益：第 3 版[M]. 姚伟，王黎芳，译. 北京：中国人民大学出版社.

霍华德，2000. 明日的田园城市[M]. 金经元，译. 上海：商务印书馆.

岸根卓郎，1990. 迈向 21 世纪的国土规划：城乡融合系统设计[M]. 高文琛，译. 北京：科学出版社.

蔡继明，2015. 关于当前土地制度改革的争论[J]. 河北经贸大学学报，36(2)：1-5.

陈鸿彬，2007. 城乡统筹发展定量评价指标体系的构建[J]. 地域研究与开发，26(2)：62-65.

陈华彬，2018. 物权法论[M]. 北京：中国政法大学出版社.

陈凯，2021. 全域土地综合整治的现实困境及政策思考——以广东省为例[J]. 中国国土资源经济，34(10)：44-49.

陈康来，2009."土地换保障"问题研究[D]. 济南：山东大学.

陈美球，廖彩荣，刘桃菊，2018. 乡村振兴、集体经济组织与土 地使用制度创新——基于江西黄溪村的实践分析[J]. 南京农业大学学报（社会科学版），18(2)：27-34，158.

陈锡文，韩俊，2018. 农业转型发展与制度创新研究[M]. 北京：清华大学出版社.

陈锡文，2003. 全面建设小康社会关键是统筹城乡发展[J]. 中国党政干部论坛，(1)：12-14.

陈锡文，2021. 乡村振兴应重在功能[J]. 乡村振兴，(10)：16-18.

陈燕，2011. 中国城乡建设用地市场一体化是历史的必然[J]. 福建论坛(人文社会科学版)，(11)：16-21.

陈莹，谭术魁，张安录，2009. 武汉市征地过程中的土地增值测算[J]. 中国土地科学，23(12)：16-21.

陈钊，陆铭，2008. 从分割到融合：城乡经济增长与社会和谐的政治经济学[J]. 经济研究，(1)：21-32.

陈志刚，曲福田，2003. 农地产权制度变迁的绩效分析——对转型期中国农地制度多样化创新的解释[J]. 中国农村观察，(2)：2-9，13-80.

崔建远，2011. 物权：规范与学说[M]. 北京：清华大学出版社.

大卫·李嘉图，2013. 政治经济学及赋税原理[M]. 郭大力，王亚南，译. 北京：商务印书馆.

董为红，乌日娜，2020. 征地制度改革的突破与思考[J]. 中国国土资源经济，33(5)：56-59.

杜奋根，赵翠萍，2008. 和谐社会“利益共享”分配模式及其制度安排初探[J]. 求实，(5)：36-39.

杜丽娟，赵艳霞，任伟，2010. 马克思地租理论在土地流转定价中的应用研究[J]. 农业经济，(4)：55-57.

斐迪南·滕尼斯，1999. 共同体与社会[M]. 林荣远，译. 北京：商务印书馆.

费孝通，1998. 乡土中国　生育制度[M]. 北京：北京大学出版社.

丰雷，叶剑平，蒋妍，等，2011. 中国农村土地调整的时序变化及地区差异——基于1999—2010年17省调查的实证分析[J]. 中国土地科学，25(5)：14-22.

冯继康，2003. 马克思地租理论的逻辑内涵及现代价值[J]. 济南大学学报(社会科学版)，13(4)：68-71.

冯淑怡，鲁力翡，王博，2021. 城乡经济循环下我国农村宅基地制度改革研究[J]. 农业经济问题，(4)：4-12.

傅崇兰，2005. 城乡统筹发展研究[M]. 北京：新华出版社.

高洁，阎星，李霞，2009. 统筹城乡发展与农村土地产权制度改革研究[J]. 农村经济，(12)：42-44.

高圣平，刘守英，2007. 集体建设用地进入市场：现实与法律困境[J]. 管理世界，(3)：62-72.

高万芹，2023. 新时代新乡贤参与乡村振兴的行动逻辑探析——基于“团结结构—资源禀赋”框架的多案例研究[J]. 兰州学刊，(5)：133-146.

郭亮，2021. 从理想到现实：“涨价归公”的实践与困境[J]. 社会学研究，36(3)：23-46，225-226.

哈罗德·德姆塞茨，银温泉，1990. 关于产权的理论[J]. 经济社会体制比较，(6)：49-55.

韩俊，2013. 改革创新与“新四化”同步[J]. 唯实：现代管理，(6)：6-7.

韩俊，2004. 由城乡分割走向城乡协调发展[J]. 江苏农村经济，(11)：16-19.

韩俊，1999. 中国农村土地制度建设三题[J]. 管理世界，(3)：184-195.

韩秀义，2023. 农民、农民集体和农村集体经济组织的宪法内涵解释[J]. 西北大学学报(哲学社会科学版)，53(1)：105-116.

韩长赋，2019. 中国农村土地制度改革[J]. 农业经济问题，(1)：4-16.

何清新，1962. 圣西门选集[M]. 北京：商务印书馆.

贺雪峰，2010. 村社集体土地权利不宜虚化[J]. 农村经营管理，(6)：27.

贺雪峰，2003. 土地承包制为什么会有效率——一种可能的解释[J]. 农村经济与科技，14(7)：4-6.

洪银兴，陈宝敏，2001. 苏南模式的新发展——兼与温州模式比较[J]. 江苏改革，(6)：4-8.

胡康生，2007. 中华人民共和国物权法释义[M]. 北京：法律出版社.

黄海，2005. 双重地权：土地国有下的农民土地财产权[J]. 广东经济管理学院学报，20(1)：19-22.

黄季焜，2018. 农业供给侧结构性改革的关键问题：政府职能和市场作用[J]. 中国农村经济，(2)：2-14.

黄祖辉，王朋，2009. 基于我国农村土地制度创新视角的社会保障问题探析[J]. 浙江社会科学，(2)：39-41.

黄祖辉，2018. 准确把握中国乡村振兴战略[J]. 中国农村经济，(4)：2-12.

蒋省三，刘守英，李青，2007. 土地制度改革与国民经济成长[J]. 管理世界，(9)：1-9.

金艳，2019. 以农业“标准地”改革助推乡村振兴[J]. 新农村，(9)：5-6.

李江，孙京洲，2016. 新中国农地制度的变迁分析与启示[J]. 求是学刊，(2)：69-78.

李江涛，熊柴，蔡继明，2020. 开启城乡土地产权同权化和资源配置市场化改革新里程[J]. 管理世界，(6)：93-105.

李倩，杨磊，杨文龙，2018. “富春山居图”再造之路——看杭州市双浦镇如何开展全域土地综合整治[J]. 浙江国土资源，(10)：56-58.

李胜兰，于凤瑞，2011. 农民财产权收入的土地财产权结构新探——权利束的法经济学观点[J]. 广东商学院学报，26(4)：83-91.

李泽厚，2008. 中国古代思想史论[M]. 北京：生活·读书·新知三联书店.

林光彬，2004. 等级制度，市场经济与城乡收入差距扩大[J]. 管理世界，(4)：30-40.

刘健，2018. 浅析失地农民“土地换保障”政策及改进之处[J]. 北京农业职业学院学报，32(4)：69-75.

刘荣增，2008. 基于科学发展观的城镇密集区发展问题研究[J]. 工业技术经济，27(7)：2-5.

刘守英，颜嘉楠，2021. 体制秩序与地权结构——百年土地制度变迁的政治经济学解释[J]. 中国土地科学，35(8)：1-14.

刘守英，2021. 土地乃江山之基，人民乃江山之本——中国共产党推动土地制度百年变革的历史昭示[J]. 中国领导科学，(2)：26-30.

刘守英，2000. 土地制度与农民权利[J]. 中国土地科学，14(3)：1-9.

刘守英，2014. 中国城乡二元土地制度的特征、问题与改革[J]. 国际经济评论，(3)：9-25+4.

刘守英，1993. 中国农地制度的合约结构与产权残缺[J]. 中国农村经济，(2)：31-36.

刘祥琪，陈钊，赵阳，2012. 程序公正先于货币补偿：农民征地满意度的决定[J]. 管理世界，(2)：44-51，187-188.

刘彦随，刘玉，翟荣新，2009. 中国农村空心化的地理学研究与整治实践[J]. 地理学报，64(10)：1193-1202.

刘易斯·芒福德，2005. 城市发展史：起源、演变和前景[M]. 宋俊岭，倪文彦，译. 北京：中国建筑工业出版社.

陆铭，2021. 从分散到集聚：农村城镇化的理论、误区与改革[J]. 农业经济问题，(9)：27-35.

罗兴奇，孙菲，2016. 城乡发展一体化的保障机制及协同策略[J]. 农村经济，(1)：20-25.

马克·格兰诺维特，理查德·斯威德伯格，2014. 经济生活中的社会学[M]. 上海：上海人民出版社.

马克思，2004. 资本论：第1卷[M]. 北京：人民出版社.

马克思，1975. 剩余价值理论[M]. 节选本，北京：人民出版社.

马克思，恩格斯，1960. 马克思恩格斯全集[M]. 北京：人民出版社.

毛泽东，1991. 毛泽东选集：第3卷[M]. 北京：人民出版社.

欧文，1965. 欧文选集[M]. 北京：商务印书馆.

欧阳慧，阳国亮，2019. 乡村振兴进程中“宗法制文化”的转型：重塑符合市场经济精神的开放式新型农民集体[J]. 农业经济问题，(3)：70-79.

潘永强，1992. 应该完整地表述马克思的地租理论[J]. 税务与经济，(6)：15-18.

配第，2009. 配第经济著作选集：珍藏本[M]. 陈冬野，马清槐，周锦如，编译. 北京：商务印书馆.

钱忠好，牟燕，2015. 征地制度，土地财政与中国土地市场化改革[J]. 农业经济问题，(8)：8-12.

孙中山，2011. 孙中山选集 上[M]. 北京：人民出版社.

孙中山，2011. 孙中山选集 下[M]. 北京：人民出版社.

瞿志印，陈江强，2008. 构建城乡统一土地管理制度的探讨[J]. 农业经济问题，(12)：93-96.

谭术魁，2008. 中国频繁暴发征地冲突的原因分析[J]. 中国土地科学，(6)：44-50.

唐健，2021. 从经济政策到社会政策：征地制度变迁解释[J]. 中国土地科学，35(5)：1-7.

陶然，汪晖，2010. 中国尚未完成之转型中的土地制度改革：挑战与出路[J]. 国际经济评论，(2)：93-123.

陶希东，2021. 建设城乡社区治理体系的五大内容及行动方略[J]. 中国民政，(14)：54-55.

田光明，曲福田，2010. 中国城乡一体土地市场制度变迁路径研究[J]. 中国土地科学，(2)：24-30.

托达罗，1988. 第三世界的经济发展：上册[M]. 于同申，译. 北京：中国人民大学出版社.

汪晖，2013. 中国征地制度改革[M]. 杭州：浙江大学出版社.

汪洋，2022. "三块地"改革背景下集体建设用地使用权的再体系化[J]. 云南社会科学，(3)：137-149.

王华，陈烈，2006. 西方城乡发展理论研究进展[J]. 经济地理，26

(3)：463–468.

王禹澔，2021. 新时代中国脱贫攻坚事业的历史性意义[J]. 学术前沿，(1)：94–98.

王俊龙，郭贯成，谈林沂，2023. 农户宅基地退出意愿及其影响因素分析——基于苏州、宿迁 1292 份农户调研数据[J]. 农林经济管理学报，22(1)：123–132.

奥利弗·E. 威廉姆森，2016. 治理机制[M]. 石烁，译. 北京：机械工业出版社.

仇保兴，2004. 在国务院新闻办公室举行的记者招待会上建设部副部长仇保兴强调：加强城乡规划工作　促进经济社会健康协调发展[J]. 城市开发，(11)：6.

卫龙宝，史新杰，2016. 浙江特色小镇建设的若干思考与建议[J]. 浙江社会科学，(3)：28–32.

温铁军，2009. “三农”问题与制度变迁[M]. 北京：中国经济出版社.

吴忠民，2021. 社会公正催生有效的社会合作[J]. 中国行政管理，(6)：28–36.

夏安桃，许学强，薛德升，2003. 中国城乡协调发展研究综述[J]. 人文地理，(5)：33，56–60.

夏勇，1995. 走向权利的时代[M]. 北京：中国政法大学出版社.

向前，2009. 统筹城乡发展中的农村土地流转模式探析——以重庆市为例[J]. 农业经济，(5)：58–61.

徐熙泽，马艳，2011. 马克思地租理论的拓展及现代价值[J]. 财经研究，37(5)：47–57.

许恒周，2007. 产业园区土地利用政策比较分析[J]. 上海土地，(2)：36–39.

许庆，章元，2005. 土地调整、地权稳定性与农民长期投资激励[J]. 经济研究，(10)：59–69.

薛德升，陈文娟，侯启章，1998. 有关“乡村城市化”和“城乡一体化”

等几个概念的辨析[J]. 城市问题,(1):14-16.

亚当·斯密,1972. 国民财富的性质和原因的研究:上卷[M]. 郭大力,王亚楠,译. 北京:商务印书馆.

亚当·斯密,2002. 国民财富的性质和原因的研究:节选本[M]. 郭大力,王亚南,译. 北京:商务印书馆.

严金明,李储,夏方舟,2020. 深化土地要素市场化改革的战略思考[J]. 改革,(10):19-32.

严桥来,沈志勤,何佑勇,2019. 浙江:推进乡村全域土地综合整治与生态修复[J]. 中国土地,(12):57-58.

杨翠迎,2004. 中国社会保障制度的城乡差异及统筹改革思路[J]. 浙江大学学报(人文社会科学版),34(3):12-20.

杨秀琴,2021. 近百年来我国农村土地制度改革的历程、评价及经验(1921—2021年)[J]. 农业开发与装备,(12):60-63.

杨宇霞,2000. 马克思地租理论与我国农地制度创新研究[J]. 重庆社会科学,(5):9-10.

叶剑平,2009. 城乡统筹发展与土地利用[J]. 现代城市研究,(2):17-19.

于建嵘,2006. 集体行动的原动力机制研究——基于H县农民维权抗争的考察[J]. 学海,(2):26-32.

张超林,2007. 农地产权与征地制度[D]. 北京:北京师范大学.

张敏,顾朝林,2002. 农村城市化:“苏南模式”与“珠江模式”比较研究[J]. 经济地理,22(4):482-486.

张期陈,胡志平,2010. 论被征农地增值收益的归属[J]. 中南财经政法大学学报,(6):30-33.

张晓山,2019. 我国农村集体所有制的理论探讨[J]. 中南大学学报(社会科学版),25(1):1-10.

张伟,2005. 试论城乡协调发展及其规划[J]. 城市规划,(1):79-83.

赵辉，2008. 集体建设用地流转收益的形成及其分配研究[D]. 北京：首都经济贸易大学.

赵俊欣，2004. 傅立叶选集：第1卷[M]. 北京：商务出版社.

赵树凯，2007. 农村改革与地方改革家[J]. 中国发展观察，(12)：41-45.

郑妮，2009. 论统筹城乡发展中“小产权房”之法律解决路径[J]. 农村经济，(3)：43-46.

郑瑞强，翁贞林，黄季焜，2018. 乡村振兴战略：城乡融合、要素配置与制度安排——“新时代实施乡村振兴战略与深入推进农业供给侧结构性改革”高峰论坛综述[J]. 农林经济管理学报，17(1)：1-6.

郑振源，蔡继明，2019. 城乡融合发展的制度保障：集体土地与国有土地同权[J]. 中国农村经济，(11)：2-15.

周诚，2003. 土地经济学原理[M]. 北京：商务印书馆.

周诚，2006. 土地增值分配应当“私公共享”[J]. 中国改革，(5)：77-78.

周积明，1982. “鱼鳞图册”始于何时[J]. 江汉论坛，(10)：80.

周其仁，2004a. 产权与制度变迁[M]. 北京：北京大学出版社.

周其仁，2004b. 农地产权与征地制度：中国城市化面临的重大选择[J]. 经济学(季刊)，(4)：193-210.

周其仁，1995. 中国农村改革：国家和所有权关系的变化：上：一个经济制度变迁史的回顾[J]. 管理世界，(3)：178-189，219-220.

周远波，2020. 全域土地综合整治若干问题思考[J]. 中国土地，(1)：4-7.

诸培新，曲福田，孙卫东，2009. 农村宅基地使用权流转的公平与效率分析[J]. 中国土地科学，23(5)：26-29.

邹一南，2020. 从二元对立到城乡融合：中国工农城乡关系的制度性重构[J]. 科学社会主义，(3)：125-130.

ANDERSON J，1777. An enquiry into the nature of the corn-laws; with a view to the new corn-bill proposed for Scotland[M]. Edinburgh：Mrs. Mundell.

BAO H, DENG S, XU S, et al., 2017. Conspicuous consumption behavior of land-lost farmers: A perspective of social identity[J]. Cities, 66: 81-90.

BAO H, HAN L, WU H, et al., 2021. What affects the "house-for-pension" scheme consumption behavior of land-lost farmers in China? [J]. Habitat International, 116: 102415.

BAO H J, PENG Y, 2016. Effect of land expropriation on land-lost farmers' entrepreneurial action: A case study of Zhejiang Province[J]. Habitat International, 53: 342-349.

BRANDT J J, BUNCE R G, HOWARD D C, et al., 2002. General principles of monitoring land cover change based on two case studies in Britain and Denmark[J]. Landscape & Urban Planning, 62(1): 37-51.

BRANDT L, ROZELLE S, TURNER M A, 2004. Local government behavior and property right formation in rural China[J]. Journal of Institutional and Theoretical Economics, 160(4): 627-662.

CHAMBERS R G, 1984. Agricultural and financial market interdependence in the short run[J]. American Journal of Agricultural Economics, 66(1): 12-24.

CURRIE J M, 1981. The economic theory of agricultural land tenure[M]. Cambridge: Cambridge University Press.

DALE V H, 1997. The relationship between land-use change and climate change[J]. Ecological Applications, 7(3): 753-769.

DAMMERS E, KEINER M, 2006. Rural development in Europe: Trends, challenges and prospects for the future[J]. DisP-The Planning Review, 42(166): 5-15.

DEININGER K, 2003. Land markets in developing and transition economies: Impact of liberalization and implications for future reform[J]. American Journal of Agricultural Economics, 85(5): 1217-1222.

DEMSETZ H, 1967. Monopolistic competition: A reply[J]. The Economic

Journal, 77(306): 412-420.

DENG X, HUANG J, ROZELLE S, et al., 2015. Impact of urbanization on cultivated land changes in China[J]. Land Use Policy, 45: 1-7.

DING C, LICHTENBERG E, 2011. Land and urban economic growth in China[J]. Journal of Regional Science, 51(2): 299-317.

DOUGLASS M, 2018. A regional network strategy for reciprocal rural-urban linkages: An agenda for policy research with reference to Indonesia[M]. The Earthscan Reader in Rural-urban Linkages. London: Routledge.

FEDER G, FEENY D, 1991. Land tenure and property rights: Theory and implications for development policy[J]. The World Bank Economic Review, 5(1): 135-153.

GREENWOOD R, HININGS C R, 1996. Understanding radical organizational change: Bringing together the old and the new institutionalism[J]. Academy of Management Review, 21(4): 1022-1054.

HAMILTON G, BIGGART N, 1988. Market, Culture, and Authority[J]. American Journal of Sociology, 94: 52-94.

JOHNSON O E G, 1972. Economic analysis, the legal framework and land tenure systems[J]. The Journal of Law and Economics, 15(1): 259-276.

KUNG J K, CAI Y S, 2000. Property rights and fertilizing practices in rural China: Evidence from Northern Jiangsu[J]. Modern China, 26(3): 276-308.

LEI X, XU Q, JIN C, 2022. Nature of property right and the motives for holding cash: Empirical evidence from Chinese listed companies[J]. Managerial and Decision Economics, 43(5): 1482-1500.

MILES-DOAN R, KELLY S, 1995. Inequities in health care and survival after injury among pedestrians: Explaining the urban/rural differential[J]. The Journal of Rural Health, 11(3): 177-184.

OBUDHO R A, 1986. Multivariate analysis of Kenya's urban system[J]. GeoJournal, 13: 385-399.

PAYNE G, 2004. Land tenure and property rights: An introduction [J]. Habitat International, 28(2): 167-179.

QU Y, ZHANG F, GUO L, et al., 2011. Evaluation of rural residential land consolidation classification and priority of Pinggu district in Beijing[J]. Transactions of the Chinese Society of Agricultural Engineering, 27(7): 312-319.

SCHLAGER E, OSTROM E, 1992. Property-rights regimes and natural resources: A conceptual analysis[J]. Land Economics, 68(3): 249-262.

TACOLI C, 2003. The links between urban and rural development[J]. Environment and Urbanization, 15(1): 3-12.

TAN R, QU F, HEERINK N, et al., 2011. Rural to urban land conversion in China-How large is the over-conversion and what are its welfare implications [J]. China Economic Review, 22(4): 474-484.

TAN S, LIU Q, HAN S, 2022. Spatial-temporal evolution of coupling relationship between land development intensity and resources environment carrying capacity in China[J]. Journal of Environmental Management, 301: 113778.

WANG H, TONG J, SU F, et al., 2011. To reallocate or not: Reconsidering the dilemma in China's agricultural land tenure policy[J]. Land Use Policy, 28(4): 805-814.

WILLIAMSON O E, 2000. The new institutional economics: Taking stock, looking ahead[J]. Journal of Economic Literature, 38(3): 596-613.

WILLIAMSON O E, 1979. Transaction-cost economics: The governance of contractual relations[J]. The Journal of Law and Economics, 22(2): 233-261.